ChatGPT Hecho Simple

Cómo Cualquiera Puede Usar
La Inteligencia Artificial Para
Mantenerse Competitivo & Potenciar
Su Productividad Laboral, Académica &
Personal Al Dominar La Ingeniería De
Prompts

D. Nardo Publications

Contenido

UN REGALO PARA TÍ

Para aprovechar al máximo este libro, hay una guía especial y GRATUITA con 162 ejemplos de como usar ChatGPT. Esto no es cualquier regalo, sino tu llave dorada hacia un futuro más eficiente, innovador y avanzado.

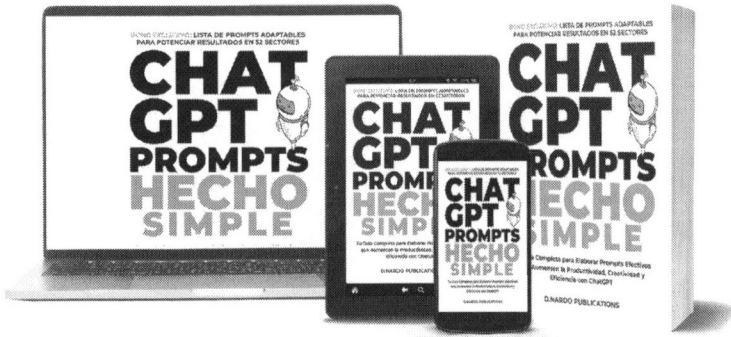

Lo que encontrarás dentro:

- Guías para 7 industrias: Desde la vida cotidiana hasta la ingeniería, descubre cómo desbloquear todo el potencial de ChatGPT en diversos campos.

- Mapa Integral: Consejos, sugerencias y experimentos a intentar para interacciones de alta calidad con ChatGPT.

- Bono Exclusivo: Las 52 MEJORES Sugerencias de ChatGPT para aumentar la productividad, sin importar tu industria.

Cómo obtenerlo:

¡Simplemente ve a brechtdinardo.com/guiagratis o escanea el código QR a continuación!

Introducción

S i eres como yo, lo primero que te viene a la mente cuando escuchas las palabras "inteligencia artificial" (IA) no es la capacidad de hacer trabajo que te hubiera llevado horas y horas en el lapso de 5 minutos.

No es superar el bloqueo del escritor, que puede ser infinitamente frustrante. Definitivamente no es eliminar las partes más, digamos, frustrantes del servicio al cliente con el milagro conocido como chatbots. No, lo que probablemente te viene a la mente son los escenarios del fin del mundo que las películas de Hollywood nos han inculcado durante años, si no es que décadas. Es una pena, porque estos escenarios no podrían estar más lejos de la realidad, especialmente teniendo en cuenta que ya vivimos en una era donde la IA es prácticamente una parte de cada faceta de nuestras vidas. Ha sido así desde hace tiempo, aunque los efectos han sido más notorios en años recientes.

Esta maravillosa era que nos ahorra tiempo, energía y esfuerzo, mientras aumenta nuestra creatividad, productividad e incluso felicidad, es la era de ChatGPT. ChatGPT es un revolucionario modelo de lenguaje creado por OpenAI. Desde su concepción, ha dejado su huella en prácticamente cada industria. En el proceso, ha comenzado a transformar completamente estas industrias y a redefinir las palabras "posible", "creativo" y "productivo".

¿No me crees? Observa a los estudiantes de secundaria y universidad de hoy en día. Estas generaciones más jóvenes, siendo los adoptantes tempranos que a menudo son, frecuentemente utilizan ChatGPT para redactar ensayos de nivel universitario. Eso definitivamente es mejor que mirar una página en blanco durante horas y luego rendirse para pagarle a alguien que escriba tu ensayo.

También han usado ChatGPT para terminar sus tareas y asignaciones. Si crees que estos estudiantes son la minoría, piénsalo de nuevo. Las estadísticas actuales muestran que el 89% de todos los estudiantes usa ChatGPT para obtener ayuda con la tarea (Kochovski, 2023).

A menudo, pensamos en las generaciones más jóvenes como aquellos a quienes debemos guiar y enseñar cosas. Sin embargo, en este caso, tienen algo que enseñarnos porque así como ChatGPT puede ayudar a los estudiantes a mejorar académicamente, puede ayudarte a desempeñarte mucho mejor en tu trabajo sin demasiado esfuerzo. No solo eso, sino que puede aumentar tu productividad y creatividad, reducir tus niveles de estrés y ansiedad y mejorar la calidad de tu trabajo. Lo más importante es que puede ayudarte a mantenerte al día en un mercado laboral en rápida evolución, porque aquí está el detalle: la IA ha llegado para quedarse, y su impacto en el mercado laboral ya es muy tangible. Si pretendes permanecer en dicho mercado laboral, entonces debes familiarizarte con ChatGPT, descubrir sus entresijos y mantenerte al día con las nuevas tendencias.

Dado lo nuevo y desconocido que es ChatGPT para ti, es posible que dudes en hacer esto. Afortunadamente, aquí es donde entra ChatGPT Hecho Simple. En este libro, aprenderás cómo usar ChatGPT de manera efectiva y eficiente. Más específicamente, aprenderás a formular las preguntas o instrucciones perfectas (a estas las llamamos "indicaciones") que guiarán a ChatGPT para darte la respuesta o resultado exacto que buscas.

Podrás ver cómo ChatGPT puede integrarse en tu vida profesional y personal, aumentando así tu potencial enormemente. Por último, pero no menos importante, descubrirás cómo puedes usar ChatGPT para crear un mejor equilibrio entre trabajo y vida personal y reducir el estrés y la ansiedad que experimentas a diario.

En resumen, al adentrarte en ChatGPT Hecho Simple, mejorarás tu vida de muchas maneras diferentes y te unirás a una revolución en curso de la cual pioneros como Bill Gates ya forman parte, basándonos en cómo el genio tecnológico es conocido por elogiar la capacidad de ChatGPT para hacer cualquier cosa, desde dar consejos médicos a personas con recursos limitados hasta enseñar matemáticas de una manera fácil y muy comprensible (Mok, 2023).

Con eso en mente, ¿cómo puedes usar ChatGPT para satisfacer tus propias necesidades y facilitarte la vida? ¿Cómo puedes usarlo para hacer el mejor trabajo posible mientras ahorras una gran cantidad de tiempo y energía? ¡Vamos a descubrirlo!

El poder detrás de la Inteligencia Artificial & ChatGPT

*"Al igual que la electricidad redefinió el mundo hace 100 años,
hoy día, me es complicado imaginar alguna industria que la
inteligencia artificial no esté destinada a transformar en los
próximos años."*

Andrew Ng

Primero lo primero: ¿Qué es ChatGPT y cómo funciona? ¿Cuáles son sus capacidades y características, y qué puedes hacer con esto? La respuesta corta a esa pregunta es "muchísimas cosas". Imagina tener un amigo que conoce todas las respuestas a tus preguntas. Es como un ayudante superinteligente en tu computadora o teléfono que puede chatear contigo sobre cualquier cosa que quieras. En cuanto a la respuesta larga...

ChatGPT utiliza la magia de los algoritmos de aprendizaje automático para comprender y generar texto lo más similar posible al humano (UCO: ChatGPT y Tecnología de IA, s.f.). Los algoritmos de aprendizaje automático funcionan más o menos como un chef probando nuevas recetas. Cada intento proporciona nuevas perspectivas y perfecciona la habilidad del chef. Para generar y refinar sus habilidades, ChatGPT ha sido entrenado usando una gran cantidad de datos, incluyendo libros, numerosas páginas web y pilas de artículos. Así, ha desarrollado una biblioteca de información y conocimiento a la que puede recurrir para prácticamente cualquier tema. Claramente, ChatGPT no puede proporcionar información sobre cada pequeño tema conocido por el hombre. Sin embargo, su reserva de conocimientos es increíblemente vasta, lo que le permite ser útil para nosotros, los simples humanos, en una variedad de industrias, como:

Servicio al Cliente

Una industria donde ChatGPT es sin duda muy útil, como verás con más detalle en los próximos capítulos. El servicio al cliente puede ser... desafiante, por decirlo de buena manera, ya que a menudo tienes que lidiar con los mismos tipos de preguntas y porque los clientes con los que terminas lidiando no siempre son agradables. ChatGPT puede ayudar en ambas circunstancias automatizando las consultas entrantes (Equipo de Dreamanart, 2023). De esta manera, tú y la empresa para la que trabajas ahorran tiempo, no terminas teniendo que copiar y pegar la misma respuesta a la misma consulta 50 millones de veces, y puedes llegar a las consultas más urgentes más rápidamente. En otras palabras, ChatGPT hace tu trabajo más fácil y te hace mejor en él.

Además, ChatGPT le da un toque personalizado a cada mensaje que envía, añadiendo una sensación de "humanidad" a sus interacciones y fomentando la lealtad de la marca. Es como tener una mano amiga disponible las 24 horas del día, los 7 días de la semana, respondiendo consultas y construyendo mejores relaciones con tus clientes.

Adicionalmente, como discutimos antes, ChatGPT aprende de interacciones pasadas, al igual que un buen representante de servicio al cliente que recuerda a los clientes frecuentes y sus preferencias. Al almacenar y analizar consultas anteriores, sigue perfeccionando sus habilidades, convirtiéndose en una herramienta cada vez más efectiva para tus necesidades en este campo laboral.

Ahora, la utilidad de ChatGPT va mucho más allá del ámbito del servicio al cliente, por supuesto. Aunque profundizaremos más en esto en los próximos capítulos, aquí tienes un adelanto de cómo puedes aprovechar esta herramienta en muchas industrias. Eso si, ten en cuenta que esto es solo la punta del iceberg cuando se trata de las innumerables posibilidades que ChatGPT trae a cualquier escenario.

Vida Cotidiana

Imagina tener un asistente personal listo para echarte una mano con cualquier cosa que puedas necesitar, ya sea darle un toque especial a tu currículum, explorar nuevas delicias culinarias, desmitificar los últimos descubrimientos científicos u organizar tu agenda semanal con la máxima eficiencia, asegurando que cada cita y reunión estén perfectamente sincronizadas con tu vida personal y profesional.

Marketing

Como un miembro del equipo creativo, ChatGPT puede ayudarte a idear eslóganes atractivos, crear descripciones persuasivas de productos, redactar publicaciones de redes sociales que generen conversaciones, etc.

Creación de Contenido

ChatGPT puede ser el escritor fantasma que siempre has querido, redactando entradas de blog atractivas, artículos o guiones de video para ti. También puede traducir estos textos, asegurando que tu voz se escuche en todo el mundo, en múltiples idiomas.

Educación

Para los maestros, ChatGPT puede ser un socio de enseñanza innovador, asistiendo en la creación de planes de lección o asignaciones atractivas. Para los estudiantes, puede ser un increíble aliado de aprendizaje, desglosando temas complejos en partes comprensibles (o ayudando con sus tareas, como leíste anteriormente).

Ingeniería

Imagina un colega digital que pueda proporcionar perspectivas sobre estructuras de código intrincadas, ofrecer soluciones para la depuración de errores, sugerir optimizaciones, entre muchas otras.

Negocios

ChatGPT pudiese ser tu escritor profesional, redactando correos electrónicos impecables, elaborando propuestas de negocios convincentes o generando informes detallados. Es tu arma secreta para las comunicaciones ejecutivas, mejorando la eficiencia y precisión.

Para resumir, ChatGPT, con su tecnología avanzada y amplia base de conocimientos, es una poderosa ayuda en numerosos sectores, simplificando todo tipo de tareas y mejorando la eficiencia. Ya seas estudiante, profesional o simplemente busques productividad y una ventaja competitiva, es un asistente que querrías en tu esquina.

Ahora, cambiemos de tema y exploremos algo crucial para maximizar el potencial de ChatGPT...

Ingeniería de Prompts

Independientemente de la industria en la que utilices ChatGPT, una de las características más útiles del programa es la ingeniería de prompts, que se refiere a la elaboración cuidadosa o diseño de una pregunta, afirmación o instrucción que se introduce en ChatGPT como un mensaje. El objetivo es proporcionar a la Inteligencia Artificial (IA) una orden o pregunta clara, concisa y contextualmente rica para obtener la mejor respuesta posible.

Para simplificar, pensemos en términos de interactuar con un amigo muy conocedor. Si le haces una pregunta vaga, es posible que no sepa exactamente lo que quieres saber, y su respuesta podría ser un tanto inútil. Sin embargo, si le haces una pregunta muy específica, te pudiese proporcionar una respuesta detallada sobre el tema. Eso es lo que hace la ingeniería de prompts: se trata de hacer la pregunta correcta de la manera correcta para obtener la mejor respuesta.

Entendiendo esto, la clave para optimizar los resultados de ChatGPT no solo está en hacer las preguntas correctas, sino también en enriquecer continuamente su base de conocimientos. Lo bueno es que tus prompts alimentan a ChatGPT con toneladas de datos. Gracias a todos estos datos, puede entender tus pensamientos y sentimientos y, en cierto sentido, empatizar contigo (Tran Nguyen, 2023).

Ser capaz de empatizar con otras personas es una parte vital de la comunicación cotidiana, con la que algunos de nosotros luchamos. Los humanos típicamente desarrollamos esta capacidad cuando somos niños, pero también podemos seguir haciéndolo como adultos. ChatGPT la desarrolla con cada dato de información con el que se le entrena, e implementando la "Teoría de la Mente" entiende no solo lo que queremos decir, sino que se pone en "nuestros zapatos".

Son estas habilidades y la forma en que ChatGPT puede seguir aprendiendo y mejorando con el tiempo lo que le permite servir a una multitud de propósitos. Incluso, sirve como una alternativa de búsquedas en Google. Si puedes hacer esto efectivamente o no, dependerá de cuánto ChatGPT ha aprendido y de tu habilidad para hacer las preguntas correctas.

He creado un recurso gratuito para ayudarte con esta tarea, así que tómate un momento para descargar el manual con 162 ejemplos para potenciar tus resultados.

No es cualquier guía; es una herramienta vital que he elaborado para ayudarte a construir esas preguntas perfectas que pueden desbloquear todo el potencial de ChatGPT. Personalmente me resulta de mucha utilidad y estoy seguro de que lo será también para tí. Para acceder, ve a brechtdinardo.com/guiagratis o escanea el siguiente código QR:

Nota: Si no lo encuentras en tu bandeja de entrada después de reclamarlo, hay una posibilidad de que tu carpeta de spam (correo basura) lo haya reclamado, ¡así que asegúrate de revisar allí también!

¿Cuáles son sus limitaciones?

Mientras que ChatGPT es una herramienta fantástica, tiene sus limitaciones. Estas limitaciones provienen en parte de que ChatGPT es un programa, no un ser humano. Como tal, carece de ciertas cosas básicas que cualquier ser humano tendría, como el sentido común y la inteligencia emocional (Marr, 2023).

Por supuesto, puede imitarlas si ha sido entrenado con suficientes datos (como acabo de mencionar), pero sólo hasta cierto punto, y aun así, algunas de las respuestas que crea pueden sonar inauténticas. Solo el tiempo dirá si la IA mejorará en tales cosas.

Otra limitación significativa, que se inclina más hacia el lado técnico, es generar contenido largo y bien estructurado. Típicamente, ChatGPT funciona mejor con textos cortos. Además de eso, tiene problemas con las multitareas. Eso no quiere decir que no pueda realizarlas, pero si se le presenta como un desafío. En toda honestidad, esto es algo con lo que los seres humanos también luchamos, así que no es tan difícil de creer que ChatGPT también lo haría.

De manera similar, el tipo de conocimiento que alimentas a ChatGPT puede hacer que se vuelva parcial. Usar la palabra «*parcial*» en relación con la IA suena extraño, pero piénsalo: si el contenido que estás alimentando a ChatGPT solo presenta estereotipos de mujeres de los años 60, entonces ¿no se volvería automáticamente parcial todo el contenido que genere sobre las mujeres?

Dicho esto, vale la pena señalar que ChatGPT es una herramienta en constante evolución. Desde su primera concepción, cada versión subsiguiente ha sido una mejora significativa de la anterior. Ahora hemos llegado a la etapa de ChatGPT-4, un modelo sofisticado que aborda muchas de las limitaciones encontradas en GPT-3. Esta evolución constante nos asegura que las futuras iteraciones seguirán refinando la tecnología, abordando los desafíos existentes de manera aún más efectiva.

Puntos Clave

- ChatGPT es un chatbot de Inteligencia Artificial que genera texto parecido al humano utilizando aprendizaje automático, revolucionando muchas industrias.

- Es ampliamente útil en campos como negocios, servicio al cliente, marketing, creación de contenido, educación y muchos más.

- La 'ingeniería de prompts' es el arte de elaborar preguntas, afirmaciones o instrucciones efectivas para interactuar con ChatGPT de manera inteligente y precisa.

- El dominio de la 'ingeniería de prompts' optimiza tus resultados al usar ChatGPT.

- Este libro incluye gratuitamente un invaluable manual con 162 ejemplos para potenciar la creación de tus prompts y desbloquear el potencial completo de ChatGPT.

- A pesar de sus puntos fuertes, ChatGPT tiene limitaciones en contenido de forma extensa y multitareas, sin embargo, es asombrosamente versátil y está evolucionando constantemente para un rendimiento superior.

Pon a Prueba Tus Conocimientos

1. ¿Qué sectores pueden beneficiarse significativamente al usar ChatG-PT?

a) Tiendas y comercio electrónico.

b) Negocios en general, servicio al cliente, marketing, creación de contenido, educación y muchos más.

c) Esta limitado a las industrias tecnológicas.

2. ¿Cómo se llama la habilidad de formular interacciones efectivas con ChatGPT?

a) Desarrollo de prompts:

b) Generación de comandos.

c) Ingeniería de prompts.

3. A pesar de su versatilidad, ¿ChatGPT tiene limitaciones?

a) No, es capaz de cualquier tarea siempre que tengas un prompt poderoso.

b) Sí, a veces lucha con tareas no relacionadas con la generación de texto.

c) Sí, puede tener dificultades con el contenido extenso y las multitareas.

Respuestas: 1-b, 2-c, 3-c

Ahora que ya sabes de qué va ChatGPT, ¡es momento de ponerse a trabajar y empezar a usarlo! En el próximo capítulo, veremos cómo hacer las cosas paso a paso, desde crear tu cuenta hasta entender cómo funciona todo. ¡Vamos!

Empezando Tu Aventura Con ChatGPT

> *"Para mí, una inteligencia artificial como ChatGPT, utiliza-*
> *da por aquellos con sabiduría, conocimiento y experiencia, puede*
> *mejorar auténticamente la distribución de inteligencia e infor-*
> *mación de una manera positiva. Sin embargo, cuando es utiliza-*
> *da por engañadores, inexpertos y avaros tontos... puede ser una*
> *herramienta peligrosa."*
>
> Loren Weisman

E s hora de iniciar tu propia aventura con ChatGPT. Este proceso comienza con la configuración de tu cuenta. Una vez hecho esto, tendrás que familiarizarte con la interfaz de ChatGPT, aprender los términos y conceptos básicos y entender las diferentes versiones del modelo con el que podrías estar tratando.

Configurando tu Cuenta

Si eres como yo, la idea de configurar otra cuenta en adición a las 100 cuentas diferentes para 100 cosas diferentes que ya tienes suena molesto. ¿Cómo se supone que debes recordar todas esas contraseñas diferentes? Pero confía en mí, crear esta cuenta valdrá la pena y también es bastante simple.

Paso #1: Regístrate

Dirígete a OpenAI.com y haz clic en **"Registrarse"** para configurar tu cuenta y usa una dirección de correo electrónico válida. Una cuenta de Gmail de repuesto puede ayudar a mantener las cosas ordenadas, luego, elige una contraseña fuerte y memorable.

Create your account

Please note that phone verification is required for signup. Your number will only be used to verify your identity for security purposes.

```
Email address
```

```
Continue
```

Already have an account? Log in

———————————— OR ————————————

G   Continue with Google

▓   Continue with Microsoft Account

Nota: ChatGPT actualmente no está disponible en Rusia, Ucrania, China, Irán y Egipto (Miley, 2023). Puedes acceder a la página de ChatGPT usando una VPN si estás en estas regiones.

Paso #2: Verifica tu Información

Revisa tu bandeja de entrada para encontrar un correo electrónico de verificación y haz clic en **"Verificar Dirección de Correo Electrónico"**.

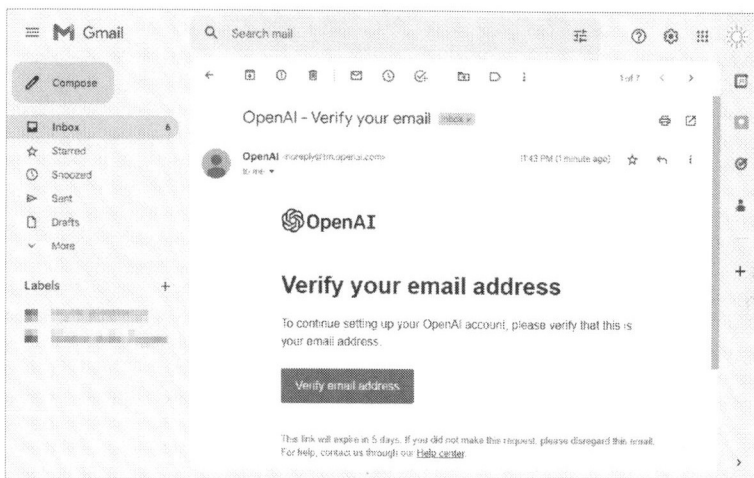

A continuación, serás redirigido a una página que dice **"Cuéntanos sobre ti"** — no es necesario que cuentes toda tu historia de vida, guarda eso para las aplicaciones de citas. Simplemente ingresa tu nombre y haz clic en **"Continuar"**.

Ahora, necesitarás verificar tu número de teléfono. Ingrésalo y recibirás un código de seis dígitos. Introduce el código y ya está, ¡tu cuenta está configurada!

Paso #3: Inicia Sesión

Ahora, regresa a la página de **"Inicio de Sesión"** de ChatGPT. Ingresa tu dirección de correo electrónico y contraseña para acceder a tu cuenta de ChatGPT.

Conociendo la Interfaz

Ahora, la gran pregunta: ¿Cómo utilizas ChatGPT después de crear tu cuenta? Cuando inicies sesión en tu cuenta de OpenAI y selecciones la interfaz de ChatGPT, aterrizarás en una página que muestra todas las cosas asombrosas que

ChatGPT puede hacer, junto con sus limitaciones. Es como una guía rápida de las posibilidades con ChatGPT.

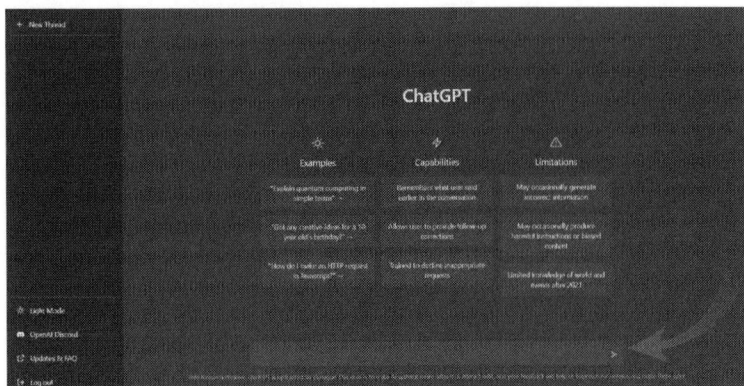

Al final de esta página, hay un espacio dedicado para que escribas tus mensajes, también conocidos como 'prompts' (consultas, instrucciones o cualquier problema que estés enfrentando).

Cuando ingresas una consulta o prompt, ChatGPT entra en acción. Analiza detenidamente tu entrada para comprenderla a fondo. Luego, la traduce a su propio lenguaje (binario), extrayendo todos los datos necesarios para atenderte de la mejor manera. Su respuesta será "Enviada en Chat" para ti.

Lo grandioso de ChatGPT, como mencioné anteriormente, es que cuanto más lo uses, más datos recopilará. Cuantos más datos recolecta, más refinadas son sus respuestas futuras. Dar retroalimentación es útil si quieres ayudar a refinar aún más sus respuestas. Puedes hacerlo escribiendo algo como *"Reenvía tu respuesta. Explícamelo de una manera más breve y concisa"* o dándole un pulgar hacia arriba o hacia abajo.

Si después de esto, todavía no te gusta la respuesta que estás recibiendo (o si hubo un fallo técnico que requiere una nueva respuesta), puedes hacer clic en el botón **"Regenerar respuesta"**.

Algo que me encanta y encuentro extremadamente útil en ChatGPT es que siempre puedes comenzar una nueva conversación haciendo clic en el botón **"Nuevo Chat"** ó **"Nuevo Hilo"**, que puedes encontrar en el lado izquierdo de la pantalla. Luego, puedes tener una "Conversación" separada para cada uno de tus temas. De esta manera, ChatGPT recordará lo que discutiste en conversaciones anteriores. Así, ChatGPT puede responder a lo que dices dentro del contexto dado.

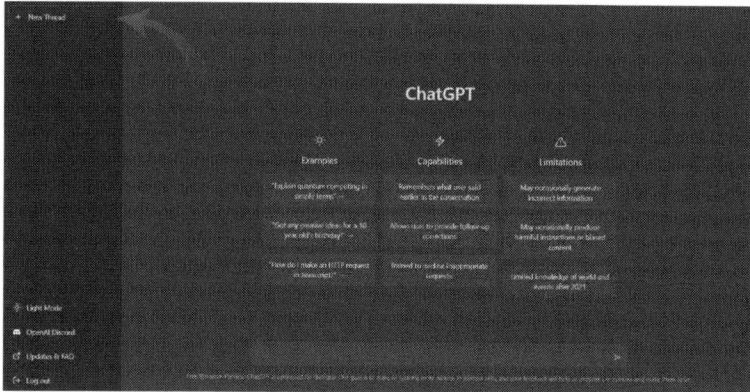

Ahora, dado que probablemente no tengas el mismo tipo de memoria que ChatGPT —suponiendo que no eres super-humano, por supuesto— ChatGPT mantiene un historial de tus conversaciones anteriores. Puedes desplazarte por este historial de chat para refrescar tu memoria en cualquier momento.

Aplicación Móvil de ChatGPT

Si a menudo estás en movimiento, es posible que encuentres útil la aplicación móvil de ChatGPT. Es una manera sencilla de manejar correos electrónicos, redactar notas rápidas o hacer preguntas cuando estás lejos de tu computadora. Solo ve a tu móvil y busca "ChatGPT" en la tienda de aplicaciones. Asegúrate de que OpenAI esté listado como el desarrollador para garantizar que estás obteniendo el ChatGPT auténtico. Es definitivamente una herramienta útil para tener en tu bolsillo. Una vez descargado, ingresa con tus datos.

Entendiendo las Versiones de ChatGPT

Como ya sabes, hay diferentes versiones o modelos de ChatGPT, como GPT-3.5 y GPT-4. GPT-4 no es solo más nuevo; es una potencia. Veamos las características que lo distinguen:

Ventaja Multimodal

A diferencia de GPT-3.5, GPT-4 puede aceptar múltiples tipos de entrada, como texto e imágenes. Esta flexibilidad es un cambio de juego, especialmente para individuos que trabajan con visuales y texto: piensa en diseñadores gráficos, creadores de contenido y especialistas en marketing digital.

Un Salto en el Razonamiento

Si GPT-3.5 era un académico en ciernes, considera a GPT-4 como el académico experimentado. De hecho, es tan bueno en esto que puede pasar pruebas estandarizadas, también conocidas como el azote de tu existencia cuando estabas en la preparatoria. Esto no se limita solo a exámenes de preparatoria. Se sabe que ChatGPT-4 ha aprobado el examen de la barra y otras pruebas avanzadas similares, algo que las versiones anteriores no podían hacer. Gracias a estas capacidades de razonamiento, GPT-4 puede clasificarse entre el 10% superior de los estudiantes que toman el examen de la barra, si fuera un estudiante real de derecho. Imagina la profundidad y complejidad de las respuestas que puedes esperar de él.

Intuitividad Mejorada

Esto significa que comprende mejor las consultas complejas y ofrece respuestas más precisas. En términos simples, pasarás menos tiempo refinando consultas para obtener la respuesta correcta.

Nota: Hasta el momento de escribir esto, desbloquear GPT-4 requiere una membresía mensual de $20. Lo sé, lo sé. Pero piénsalo; sólo necesitas dejar de comprar un par de tus lattes, a cambio de un pase al cielo de la productividad y creatividad. ¡Vale la pena!

Puntos Clave

- Crear una cuenta en ChatGPT implica registrarse, verificar tu correo electrónico y número de teléfono, e iniciar sesión.

- La interfaz de ChatGPT proporciona un espacio dedicado para escribir indicaciones, generar respuestas y dar retroalimentación.

- Cuanto más uses ChatGPT, más aprenderá y mejorará sus respuestas.

- Puedes iniciar nuevas conversaciones o hilos en ChatGPT para diferentes temas.

- GPT-4, una versión de ChatGPT, acepta múltiples tipos de entrada y es superior en razonamiento.

- La intuitividad mejorada de GPT-4 ayuda a comprender consultas más complejas y a proporcionar respuestas mejores y más precisas.

- Acceder a GPT-4 requiere una membresía premium, que cuesta $20/mes.

Pon a Prueba tus Conocimientos

Veamos cuánto recuerdas de lo que has aprendido con un par de preguntas, ¿te parece?

1. Has decidido registrarte en ChatGPT. ¿A qué sitio web necesitas ir para hacerlo?

a) www.ChatGPT.com

b) www.OpenAI.com

c) www.ChatGPT4.com

2. Imagina que estás usando ChatGPT-4 y quieres que te explique algo de una manera más simplificada. ¿Cuál es una forma de lograr esto?

a) Presionar el botón "Reiniciar" para reiniciar el sistema y obtener una respuesta mejor.

b) Pedir a ChatGPT algo como *"Reitera tu respuesta. Hazlo más simple para mí"*.

c) Usar un comando de codificación para solicitar una respuesta más simple.

3. ¿Cuáles son dos mejoras encontradas en ChatGPT-4 en comparación con sus predecesores?

a) ChatGPT-4 tiene una capacidad de memoria mejorada y puede almacenar grandes cantidades de información.

b) ChatGPT-4 puede realizar traducciones de idiomas en tiempo real para múltiples idiomas.

c) ChatGPT-4 es multimodal, puede aceptar entradas de texto e imágenes y tiene capacidades de razonamiento mejoradas.

Respuestas: 1-b, 2-b, 3-c

Ahora que tienes un buen manejo de los conceptos básicos de ChatGPT, ¡vamos al siguiente nivel! En el próximo capítulo, nos sumergiremos en las indicaciones (prompts), que llevarán tu productividad y habilidades de comunicación a un nivel completamente nuevo.

Guía Definitiva para un Dominio Total de ChatGPT

"Inteligencia Artificial, aprendizaje profundo, aprendizaje automático, sea lo que sea que estés haciendo, si no lo entiendes, aprende sobre ello. Porque de lo contrario, serás un dinosaurio en 3 años."

Mark Cuban

La ingeniería de prompts, que de ahora en adelante llamaremos "indicaciones" es tanto una obra de arte como una especie de ciencia. Se espera que sea así, realmente, y es una parte vital del uso de ChatGPT, como sin duda ya habrás notado. Es la forma en que aprovechas el poder de la IA para realizar innumerables tareas. Así que, con eso en mente, vamos a profundizar en los consejos esenciales para dominar este oficio.

Las 3 Reglas de Oro para Indicaciones Efectivas

1. Proporciona Contexto

Cualquier indicación que escribas debe tener un contexto claro y definido. Supongamos que estás hablando con ChatGPT sobre entrenamiento de fuerza y quieres saber sus beneficios para tu corazón. Si escribes la indicación:

> "¿Cuáles son los beneficios cardiovasculares del entrenamiento de fuerza regular?"

Las palabras "beneficios cardiovasculares" en esa frase proporcionarán a la IA el contexto en el que deseas que considere tu pregunta.

2. Sé Específico

Especificar tu formato deseado te ayudará a obtener lo que necesitas mucho más rápido. Piensa así: Si estuvieras en un restaurante pidiendo un bistec, especificarías si lo quieres término medio o al punto, ¿verdad? Bueno, ser específico en tus indicaciones a ChatGPT no es diferente de ser específico en tus pedidos de comida.

Toma la indicación, *"¿Cuáles son los beneficios cardiovasculares del entrenamiento de fuerza regular?"* Ahora, piensa en cómo te gustaría que se respondiera esta pregunta. ¿Quieres que ChatGPT enumere todos los beneficios cardiovasculares que vienen con el entrenamiento de fuerza uno por uno, o quieres que entregue la respuesta en otro formato? Sé específico y asegúrate de decírselo a ChatGPT. Por ejemplo:

"Proporciona una lista con viñetas de los beneficios cardiovasculares del entrenamiento de fuerza regular"

3. Reitera:

Obtener la respuesta perfecta en tu primer intento es como acertar en el centro en tu primer juego de dardos: podría suceder, pero generalmente requiere un poco de práctica. El viejo dicho, *"Si al principio no tienes éxito, intenta, intenta de nuevo"* se aplica perfectamente a la ingeniería de indicaciones.

Lo bueno de ChatGPT, es que utiliza algo llamado 'aprendizaje por refuerzo' a partir de retroalimentación humana (RFHL), lo que significa que aprenderá de la retroalimentación que proporcionas y ajustará sus respuestas futuras en consecuencia. Por lo tanto, juega y sigue cambiando tus indicaciones para hacerlas aún más contextuales y específicas. Te sorprenderá cuánto margen de mejora encontrarás.

Así que, ¿listo para poner en práctica lo que hemos aprendido? Entra a ChatGPT y prueba estas dos indicaciones:

1. ¿Cuáles son los beneficios del ejercicio?

2. Escribe un ensayo completo destacando los beneficios físicos y mentales del ejercicio regular, respaldado por estudios científicos y anécdotas personales.

Notarás que la segunda indicación produce una respuesta más útil, ya que es más específica y está cuidadosamente adaptada a nuestras necesidades. Esto subraya la crucial importancia de nuestras tres reglas de oro: **Contexto, especificidad y reiteración.**

Ahora que estás más familiarizado con los conceptos básicos de la ingeniería de indicaciones, pasemos a estrategias más avanzadas.

Estrategias Avanzadas para Indicaciones

1. Ajusta la Longitud Máxima del Texto

Una cosa que notarás al experimentar con tus indicaciones es que el texto a veces puede cortarse, lo que puede resultar frustrante. Puedes solucionar esto ajustando la configuración de longitud máxima del texto utilizando el Playground de OpenAI. De esta manera, puedes asegurarte de que ChatGPT te proporcione la respuesta completa que necesitas. Si crees que esta estrategia suena demasiado fácil y simple para ser una "técnica avanzada", entonces tienes razón. Es bastante simple, pero eso se debe a que la mayoría de las estrategias para la ingeniería de indicaciones son mucho menos complicadas de lo que piensas.

Para una comprensión más profunda del "Playground", consulta la sección de Contenido Adicional al final del libro. Por otro lado, si prefieres una solución más sencilla y directa, puedes escribir *"continúa con tu respuesta"* cada vez que encuentres el texto cortado. Eso ha funcionado para mí.

2. Descompone tus Consultas

Ya sabes que la falta de especificidad resulta en que ChatGPT te dé respuestas mucho más largas (y hasta vagas) a tus consultas, dificultando encontrar la respuesta que necesitas. En adición a ser específico, puedes evitar aún más este problema al dividir tu consulta en partes más pequeñas. Si deseas preguntar sobre los diversos beneficios del entrenamiento de fuerza, por ejemplo, puedes descomponer la indicación vaga *"¿Cuáles son los beneficios del entrenamiento de fuerza?"* a:

¿Cuáles son los beneficios cardiovasculares del entrenamiento de fuerza?

¿Qué beneficios tiene el entrenamiento de fuerza para el sistema musculoesquelético?

¿Qué beneficios neurológicos ofrece el entrenamiento de fuerza?

De esta manera, aprenderás rápidamente los beneficios exactos que esperabas conocer. Puedes descomponer tus consultas al principio del proceso y a mitad de camino para reducir la respuesta inicial que te da. Así, incluso podrás convertir tu interacción con ChatGPT en una conversación real y educativa, lo que podría ser bastante divertido.

3. Decide Un Rol

Es probable que quieras que ChatGPT te proporcione tu respuesta de una manera determinada. Si ese es el caso, puedes asignarle un rol para que adopte y responda como lo haría una persona en ese papel. Por ejemplo, supongamos que buscas respuestas más científicas a tus preguntas sobre entrenamiento de fuerza. En ese caso, puedes comenzar tu indicación con:

"Eres un cardiólogo..." o

"Eres un neurólogo..." o algo similar.

Si prefieres una respuesta más casual y amigable, puedes comenzar tu indicación con algo como:

"Eres un amigo muy cercano..."

Si estás confundido sobre cómo sería una indicación que sigue todas estas reglas y directrices, aquí tienes un ejemplo básico:

Encabezado de Ejemplo: "Los beneficios físicos y mentales del entrenamiento de fuerza"
Eres un cirujano cardiovascular; por favor, crea 15 encabezados para redes sociales, basados en el encabezado de ejemplo, y siguiendo los siguientes parámetros:
- Menos de 100 caracteres pero más de 60 caracteres
- Basado en datos científicamente probados
- Usando palabras y frases accionables
- Dirigiéndose directamente al lector
- Usando un tono de voz amigable y profesional, como si lo hubiera escrito un experto
- Utilizando un lenguaje sin terminología difícil de entender

De nuevo, si no estás seguro de si la indicación que has creado es efectiva, pregúntate si estás dando instrucciones claras. Ten en cuenta tus necesidades mientras lees las instrucciones que has dado. ¿Falta algo? ¿Necesitas agregar algo para asegurarte de que se cumpla una necesidad que aún no has mencionado? Recuerda: **Contexto, especificidad e iteración** son clave.

Consejos Adicionales y Mejores Prácticas

Identifica a Tu Público Objetivo

El tipo de respuesta que buscas depende en parte del público al que intentas llegar. Supongamos que estás usando ChatGPT para crear contenido. No todo el contenido es igual. Una publicación en tu blog tiene un tono de voz y estilo de escritura muy diferentes a un artículo de investigación o una columna de opinión publicada en el New York Times. Esto es natural porque todas estas cosas se dirigen a diferentes públicos, así que para obtener el tono de voz y estilo correctos en la respuesta de ChatGPT, primero debes identificar a tu público y ser específico al respecto (Pietschmann, 2023). Por lo tanto, antes de escribir tu indicación, considera a quién intentas llegar. También puedes pedirle a ChatGPT que te ayude con esto. Por ejemplo:

> "Quiero escribir 3 posts en mi blog personal, que trata sobre aventuras de senderismo y fotografía de la naturaleza. Quiero atraer a entusiastas del aire libre y fotógrafos aspirantes, pero también quiero inspirar a personas interesadas en comenzar sus propias aventuras al aire libre. ¿Puedes ayudarme a entender las características, intereses y posibles preguntas de este público?"

Basándose en esta indicación, ChatGPT podría generar una respuesta que te ayude a entender mejor y adaptar tu contenido a tu público específico.

Alinea los Temas con los Intereses del Público

Una vez definido tu público objetivo, asegúrate de que el tema elegido se alinee con las necesidades, deseos e intereses de tu público. Utilicemos otro ejemplo; supongamos que tu público específico son mujeres de 20 años en la indus-tria de la belleza. Probablemente no estén particularmente interesadas en leer sobre cómo tu microbioma intestinal afecta la progresión de la enfermedad de Alzheimer. Algunas de ellas podrían estar interesadas en este tema a nivel individual, pero como grupo demográfico, este no sería el tema adecuado para ellas. Por lo tanto, busca temas que sean de interés para tu audiencia.

Usa Palabras Clave y Temas Relevantes

Esto es importante porque al usar tales elementos, te ayudará a generar contenido más relevante. Naturalmente, usar palabras clave y temas correctos para tu audiencia requerirá hacer una pequeña investigación. Esta investigación generalmente te llevará a Google, donde puedes revisar el contenido dirigido a tu demografía y usarlo para identificar palabras clave relevantes.

Continuemos con el ejemplo de mujeres de 20 años interesadas en la industria de la belleza. Basándote en tu comprensión de esta demografía, podrías determinar que están interesadas en temas como "cuidado de la piel natural", "mascarillas faciales hechas en casa", "consejos de maquillaje para principiantes", "marcas de belleza libres de crueldad", etc. Luego puedes usar estos intereses como palabras clave en tu instrucción para generar contenido relevante para tu audiencia. Aquí tienes un ejemplo de una instrucción que utiliza estas palabras:

> "Genera una entrada de blog proporcionando consejos de maquillaje para principiantes, enfocándote específicamente en el uso de marcas de belleza libres de crueldad"

Encuentra El Tono de Voz Adecuado

Dirigirse a un público concreto significa hablarle de una manera que le resulte atractiva. Para algunos grupos, esto puede significar escribir con humor y desenfado. Para otros, puede significar adoptar una conducta y un tono más profesionales. Para otros, puede significar escribir sobre un tema como si fuera un experto en él, pero manteniendo una actitud amistosa y accesible. Si quieres dar con el tono de voz adecuado para tu público, debes especificarlo en tu solicitud.

Si te cuesta encontrar el tono de voz y el estilo exactos que deseas, lo que puedes hacer es encontrar un artículo o un escrito que haya dado en el clavo. A continuación, puedes proporcionar ese texto a ChatGPT como muestra. Por supuesto, tendrás que seguir una fórmula para hacerlo. Una vez que hayas encontrado la muestra, abre ChatGPT y escribe algo como:

"El texto entre {} es una muestra de escritura. Por favor, tómalo como una descripción del estilo de escritura deseado" o algo por el estilo (Gonzales, 2023).

No dudes en señalar exactamente qué elementos del estilo de escritura—directo, sátira, nivel de detalle, etc.—quieres en la respuesta de ChatGPT, luego revísala cuidadosamente para ver si obtuvo el estilo y tono que estabas buscando. Si no es así, define aún más los elementos de la muestra que quieres que ChatGPT use y continúa hasta que estés satisfecho con lo que tienes. Usa diferentes muestras para entrenar a ChatGPT en diferentes estilos de escritura si puedes.

A medida que desarrolles descripciones que te gusten, guárdalas en algún lugar, como un documento en tu computadora, para usarlas como *Instrucciones Primarias* la próxima vez. Una instrucción primaria, por cierto, es el primer comando que le das a ChatGPT para establecer el contexto.

Optimiza Las Instrucciones Usando Características Especiales de ChatGPT

Utiliza Prefijos

Piensa en un prefijo como un 'establecedor de ambiente' para tu conversación con ChatGPT. Es una forma de darle una idea del tipo de respuesta que esperas.

Por ejemplo, si prefijas tu pregunta con *"Había una vez..."*, ChatGPT entenderá que estás pidiendo una respuesta en forma de historia. Otro ejemplo podría ser:

"Lista los 10 mejores..."

Ajusta Longitud y Temperatura

ChatGPT te permite ajustar esto en el panel de configuración o preferencias. La **longitud** se refiere al número de palabras y caracteres que tendrá la respuesta. La **temperatura** denota el nivel de creatividad o aleatoriedad presente en ellas. Si no estás seguro de cuánta creatividad quieres en la respuesta, jugar con diferentes ajustes de temperatura podría ser una buena idea. Luego puedes leer tus respuestas y elegir la que más te guste.

Explora Diferentes Formatos

ChatGPT te ofrece dos formatos a elegir. Primeramente tenemos **completaciones de oraciones**, que son exactamente lo que parecen. Son indicaciones o prompts que comienzan con algo como:

"El entrenamiento de fuerza es muy importante para tu salud cardiovascular porque..."

Segundo, tenemos las **preguntas abiertas** que son iniciadores de conversación. Son preguntas que no tienen simples respuestas de *"sí"* o *"no"* sino que requieren explicaciones adicionales, como:

"¿Cuáles son los beneficios cardiovasculares del entrenamiento de fuerza?"

"¿Cómo afecta el microbioma intestinal al funcionamiento cognitivo?"

"¿Cómo puedes saber cuándo alguien está enamorado de ti?"

Recibe Retroalimentación Basada en Texto

¿Recuerdas cómo ChatGPT aprende de la retroalimentación humana? Bueno, además de eso, también puede darte retroalimentación sobre tus propuestas. Esta función se llama *Retroalimentación Basada en Texto*, que puedes usar para mejorar tus propuestas. Escribe algo como:

"¿Cómo puedo refinar mi propuesta anterior?"

Usa Propuestas Sugeridas

Alternativamente, ChatGPT puede sugerir propuestas. Luego puedes usar estas propuestas tal cual o modificarlas para que se acerquen más a lo que deseas. De cualquier manera, ahorrarás tiempo y energía.

Usa Tokens de Texto

Imagina los tokens de texto como amigos útiles que intervienen para prevenir errores, mantener tu proyecto fresco y actualizado y ayudarte a ahorrar mucho trabajo tedioso. Digamos que estás trabajando en un proyecto largo y, a mitad de camino, decides cambiar el nombre del personaje principal. A estas alturas, has usado ese nombre en tu proyecto varias veces. Tienes dos opciones: repasar todo el trabajo y buscar los lugares donde se usó el nombre para cambiarlo activamente, o usar tokens de texto para actualizar el nombre en todas partes. A menos que tengas tendencias masoquistas —sin juicios si las tienes—, probablemente te convenga optar por la segunda opción. Esto es lo que podría parecer:

Prompt: He cambiado el nombre del personaje principal de Jake a David.

ChatGPT: Entendido. A partir de ahora, me referiré al personaje principal como David. ¿En qué más puedo ayudarte?

Y voilà... La máquina hace su trabajo; tú puedes sentarte y relajarte.

Puntos Clave

- Para hacer prompts o indicaciones efectivas para ChatGPT, usa un contexto claro, sé específico y refina tu pregunta.

- Para respuestas personalizadas, dile a ChatGPT que juegue un papel, como decir, *"Eres un cardiólogo..."*.

- Si deseas controlar cuán creativas o aleatorias son las respuestas, cambia la configuración de temperatura.

- Para evitar que las respuestas se corten, ajusta la longitud del texto. O simplemente puedes pedirle a ChatGPT *"continúa con tu respuesta"*.

- Si necesitas respuestas más precisas, divide tus preguntas en partes más pequeñas.

- Piensa a quién estás hablando y usa palabras clave y un tono que les coincida. De esta manera, tu contenido será apropiado para tu público.

- Si quieres mejorar tus propuestas, la retroalimentación basada en texto puede ayudar.

- Sigue revisando y ajustando tus propuestas según lo que recibas hasta que estés satisfecho con ellas.

Pon a Prueba tus Conocimientos

1. ¿Cuál de las siguientes opciones describe mejor una de las 3 Reglas de Oro para una indicación efectiva?

a) Siempre hacer preguntas en un tono casual y claro.

b) Ser específico en mi pregunta para obtener la respuesta deseada mucho más rápido.

c) Repetir la pregunta hasta obtener la respuesta correcta.

2. ¿Qué puedes hacer para superar el problema del texto que ocasionalmente se corta?

a) Ignorar el texto cortado y continuar con la siguiente consulta.

b) Dividir mis consultas en fragmentos más pequeños.

c) Ajustar la configuración de longitud máxima de texto.

3. ¿Cómo puedes usar los prefijos con ChatGPT para mejorar tus propuestas?

a) Los prefijos actúan como un 'establecedor de ambiente' en las conversaciones con ChatGPT.

b) Los prefijos se usan para ajustar la configuración de temperatura de la respuesta.

c) Los prefijos son específicamente para cambiar los nombres de los personajes en las historias.

4. Supongamos que tienes que escribir un artículo científico sobre cómo tu microbioma intestinal contribuye al Alzheimer y cómo se puede usar como un posible tratamiento para ello. ¿Qué propuesta enviada a ChatGPT dará los mejores resultados?

a) Cuéntame sobre el Alzheimer y el microbioma intestinal.

b) En el contexto del Alzheimer, ¿cómo influye el microbioma intestinal en la progresión de la enfermedad y cuáles son las posibles implicaciones en el tratamiento?

c) ¿Puedes proporcionar información sobre la relación entre el microbioma intestinal y la enfermedad de Alzheimer?

Respuestas: 1-b, 2-c, 3-a, 4-b

Ahora que has dominado el arte de formular prompts o propuestas, exploremos las aplicaciones reales de ChatGPT y cómo puedes poner en práctica tus nuevas habilidades.

El Efecto ChatGPT y Cómo la IA Está Modelando el Futuro del Trabajo

"No hay razón ni manera de que una mente humana pueda seguir el ritmo de una máquina de inteligencia artificial para 2035."

Gray Scott

La inteligencia artificial ha sido parte de nuestras vidas en la era de la información durante mucho tiempo. En los últimos años, muchas cosas que solían ser parte del mundo de la ciencia ficción se han convertido en parte de nuestra realidad y nuestra nueva normalidad. Sin embargo, la asombrosa velocidad con la que la inteligencia artificial ha ganado impulso es sorprendente. Lo que es aún más sorprendente es cuánto ha cambiado nuestras vidas en tan poco tiempo. Hoy en día, puedes usar la IA para lograr cualquier número de cosas, desde dibujar imágenes fascinantes hasta escribir novelas completas y más. Dado esto, las especulaciones sobre cómo la IA —y, más específicamente, ChatGPT— alterará la naturaleza del trabajo en sí han estado en auge. No hay duda de que ChatGPT dará lugar a grandes cambios en la cultura laboral, independientemente de la industria, pero ¿cómo será ese cambio?

ChatGPT en Mercadotecnia y Publicidad

ChatGPT ha transformado rápidamente el marketing y la publicidad en los últimos años, acelerando campañas y mejorando la segmentación de las audiencias adecuadas. Estos cambios han beneficiado enormemente a muchas marcas y empresas. La transformación se ha logrado introduciendo una serie de innovaciones; por ejemplo, ChatGPT ha hecho que los servicios de marketing por correo electrónico sean mucho más rápidos y efectivos generando sugerencias creativas para campañas (Tanya, 2023).

Estas sugerencias han demostrado ser fundamentales para ayudar a las empresas a mejorar sus estrategias de marketing por correo electrónico. También han causado que el compromiso de los suscriptores aumente sustancialmente, y no es de extrañar. Gracias a ChatGPT, el marketing por correo electrónico es mucho más personalizado de lo que solía ser. No es que los mercadólogos no pudieran personalizar los correos electrónicos en campañas anteriores, por supuesto. Es que hacerlo les habría llevado una cantidad interminable de tiempo, lo que les habría hecho —o más bien a los pasantes a los que encomendarían esta tarea— rendirse rápidamente. En resumen, ChatGPT ha hecho que el marketing por correo electrónico sea mucho más eficiente con un esfuerzo mínimo.

Ese es solo uno de los muchos cambios que ha traído a las campañas por correo electrónico. También ha segmentado audiencias, asegurando que solo aquellos interesados en lo que se está diciendo reciban los correos en cuestión, lo cual es otra razón por la cual el compromiso de los suscriptores ha aumentado en el marketing por correo electrónico. Sumado a eso, el hecho de que Chat-GPT use tecnología para analizar el lenguaje y crear contenido que coincida perfectamente con las preferencias y el tono esperado por cada destinatario. Los beneficios que ChatGPT ofrece a este segmento de marketing son evidentes.

Sin embargo, el marketing por correo electrónico no es el único segmento que se ha beneficiado de la IA. Los profesionales del marketing en redes sociales ahora también pueden mejorar su creación de contenido. ChatGPT les permite generar contenido mucho más eficiente y efectivo que antes, sin importar la plataforma de redes sociales. Además, los beneficios van más allá de simplemente ahorrar tiempo. Ha revolucionado su escritura de contenido infundiendo ideas frescas e innovadoras, abriendo perspectivas inexploradas y ofreciendo formas más pulidas de articular sus pensamientos. Esta transformación en la creación de contenido no solo ha agilizado el proceso, sino que ha elevado la calidad general de su trabajo.

Al igual que con el marketing por correo electrónico, también ha aumentado la interacción de los espectadores. ¿Cómo no podría hacerlo, cuando ha estado encontrando los mejores hashtags para usar en segundos, generando subtítulos completamente originales, encontrando nuevos influencers en varios nichos con los que interactuar y escribiendo publicaciones que se vuelven virales casi instantáneamente (Tuvar, 2023)?

Otro campo del marketing que ChatGPT ha influenciado es la descripción de productos. ChatGPT ha revolucionado verdaderamente las descripciones de productos, haciendo que crearlas sea fascinante, entretenido e informativo de manera ridículamente fácil. En el proceso, prácticamente ha eliminado el 'síndrome de bloqueo del escritor', al menos en lo que respecta a los redactores. Ciertamente ha eliminado las descripciones de productos subpar que son demasiado vagas para entender o que no representan adecuadamente el producto que describen. Y eso no es todo. Uno de los beneficios más significativos que ChatGPT ha ofrecido a la descripción de productos es que ha podido crear descripciones que realmente comprenden y, por lo tanto, abordan al público objetivo. Sin duda, esto ha impactado el compromiso del cliente y las ventas en sí. Ha construido una conexión emocional con los clientes a través de estas simples descripciones y los ha llamado a la acción a través del poder del lenguaje. Esa, justo ahí, es una habilidad aterradora cuando lo piensas, por lo que no es sorprendente ver a ChatGPT influenciando el campo del periodismo y la creación de contenido también.

ChatGPT en Periodismo y Creación de Contenido

La idea de usar ChatGPT para escribir, sea en periodismo o en la creación de contenido, podría sonar un poco extraña al principio. Sin embargo, cuanto más lo piensas, más sentido tiene. ChatGPT puede ser increíblemente útil en la escritura. De hecho, en estos días, puede ser usado para escribir poemas, historias e incluso novelas enteras. Esto no significa que ChatGPT vaya a reemplazar a los periodistas, autores y creadores de contenido del mundo. Solo significa que puede y tendrá un papel más significativo en su esfuerzo por crear.

Hablemos del periodismo. El trabajo de un periodista es arduo; constantemente tienen que buscar noticias, hacer las preguntas adecuadas, realizar observaciones meticulosas y verificar, verificar y verificar de nuevo. Parte de su labor se basa en la intuición, ya que, en ocasiones, tienen que descubrir historias y obtener la primicia, usando un viejo cliché. La cuestión es que, en la era en la que vivimos, esto puede ser realmente complicado. Tanto sucede en el transcurso de un solo día; tanta información se intercambia en tan solo una hora que, a veces, sientes que te estás ahogando en datos, incluso si no eres periodista. ¿Cómo clasificar toda esa información y encontrar exactamente lo que buscas? Aquí es donde ChatGPT entra en juego.

ChatGPT es capaz de procesar una cantidad inmensa de datos de manera increíblemente rápida y eficiente (Abdulrahman, 2023). Seamos sinceros, ningún periodista puede competir con ello en este aspecto, no importa cuán destacado sea. No solo puede ChatGPT procesar montañas de datos con rapidez, sino que también puede ofrecer valiosos insights sobre tendencias actuales o emergentes. Un buen periodista puede usar esta información para redactar un artículo de noticias interesante o un artículo de opinión. También pueden utilizar estos datos para generar preguntas de entrevista interesantes. Por supuesto, ChatGPT puede ayudar en este proceso, aportando su propio conjunto de preguntas relevantes al tema de la entrevista. De esta manera, un periodista puede generar preguntas inesperadas que otros podrían no haber planteado en entrevistas previas, creando así un material realmente entretenido para leer.

De igual manera, ChatGPT puede ayudar a generar encabezados y títulos llamativos para sus artículos. Redactar un título que refleje con precisión el contenido del artículo y que, al mismo tiempo, sea atractivo y memorable, puede ser desafiante. A veces, un periodista podría considerar que es más difícil que escribir el artículo en sí. Sin embargo, al introducir sus principales puntos en ChatGPT, podrían lograrlo en tiempo récord. Incluso podrían garantizar que sus encabezados estén optimizados para los motores de búsqueda (SEO) mientras los escriben.

Otra tarea tan necesaria como consumidora de tiempo que los periodistas a menudo llevan a cabo es leer muchos artículos y piezas de noticias escritos por otros para estar al día en los eventos actuales. Afortunadamente, ChatGPT puede ayudar también en este aspecto. Es excelente para revisar cientos de artículos y resumirlos, destacando los puntos clave. Puede ofrecer una versión más corta de los resúmenes, reescribirlos en su totalidad o extraer información específica. Es evidente que esta es una característica extremadamente útil para los periodistas, tanto para investigación como para citar.

Una función de ChatGPT que podría superar a esta es su capacidad para verificar hechos. Dado que puede revisar grandes cantidades de texto en segundos, también puede verificar los artículos escritos por un periodista en ese mismo tiempo. Puede identificar y señalar rápidamente cualquier inexactitud, permitiendo al periodista corregirla antes de que se publique, lo que es esencial para la credibilidad. Una última función valiosa que ChatGPT puede ofrecer a periodistas de todo el mundo es su capacidad de traducción, ya que puede traducir prácticamente cualquier idioma a otro.

Pero no creas que todo gira en torno a los periodistas. ChatGPT puede ser extremadamente útil para cualquiera que busque crear contenido, desde un estudiante, a escritores de blogs, hasta comercializadores de contenido. Por ejemplo, ¿la función de resumen? Puede ser utilizada para resumir un libro entero, algo sumamente útil para estudiantes universitarios que deben pasar la noche escribiendo sus informes de lectura. La función de verificación de hechos también puede ser un salvavidas para un especialista en marketing, especialmente si previene la publicación de un artículo lleno de errores.

Finalmente, sin importar qué tipo de escritor seas, ChatGPT puede ayudarte a elaborar esquemas, lo cual puede ser curiosamente complicado, especialmente si luchas por organizar tus pensamientos. Esos esquemas pueden ser tan detallados o tan breves y generales como desees. Eso es cierto siempre y cuando aclares lo que quieres en tu instrucción. Además, ChatGPT puede corregir y optimizar tu escritura para llegar al público adecuado. En este sentido, ChatGPT es una de tus herramientas de marketing más grandes.

ChatGPT en Educación y Aprendizaje en Línea

Otra área en la que ChatGPT demuestra su utilidad es en la educación y el aprendizaje electrónico. Pregúntale a los estudiantes de secundaria y universidad de hoy, e incluso a sus profesores. Desde la perspectiva de un profesor, ChatGPT puede reducir su desmesurada carga de trabajo. A pesar de estar subcompensados y poco valorados, los profesores realizan una cantidad asombrosa de trabajo. Cuando no están calificando tareas, están preparándose para el curso del día siguiente, creando presentaciones de PowerPoint para la clase, planificando excursiones y más. Sin embargo, una de las tareas más tediosas que tienen que hacer es preparar cuestionarios.

Preparar cuestionarios es tedioso porque hay que crear nuevos cada vez; tristemente, no puedes plagiar tu propio trabajo del año pasado. Tienes que encontrar nuevas formas de evaluar el conocimiento de tus estudiantes y su capacidad para utilizar lo que han aprendido. Esto puede ser realmente difícil, como sabe cualquiera que alguna vez haya tenido que preparar una encuesta, cuestionario o incluso una entrevista simulada. Afortunadamente, ChatGPT puede aliviar esta carga generando preguntas para ti. Sin embargo, si quieres que sea capaz de hacerlo, debes proporcionar una instrucción lo más específica posible. Esa instrucción debe incluir tu pregunta, si debe ser una pregunta de opción múltiple, cuántas preguntas quieres que escriba de esa manera y más (Ogulcan, s.f.). Como siempre, una vez que ChatGPT haya respondido, puedes hacer que esa respuesta sea más precisa ajustando tu instrucción original.

Sin embargo, al generar tales preguntas para el cuestionario, debes recordar que, según la propia admisión de OpenAI, el conocimiento general de la plataforma sobre eventos actuales que ocurrieron después de 2021 es bastante limitado (Nguyen, 2023). Por lo tanto, si tus preguntas del cuestionario tienen que ver con eventos posteriores a 2021, podrías tener algunas dificultades.

Desde el lado del estudiante, ChatGPT puede responder preguntas de exámenes y cuestionarios. Por supuesto, esto no será de mucha ayuda para los exámenes y cuestionarios que toman en la escuela o universidad, pero ¿para los exámenes que se hacen en casa y los que son en línea? Bueno, podría ser un buen truco para que los estudiantes lo tengan en cuenta.

Otra forma en que ChatGPT puede ser muy útil tanto para estudiantes como para profesores es proporcionándoles resúmenes de materiales de estudio. Para los estudiantes, esto es útil para estudiar y repasar, especialmente antes de exámenes importantes. Esto es especialmente cierto para cualquier libro que hayan tenido que leer, y con eso me refiero a aquellos que pretendieron haber leído.

Ahora, ChatGPT puede ser un excelente compañero de estudio en más de una forma. Por ejemplo, si te cuesta memorizar información antes de un examen, como fechas importantes o ecuaciones, puedes pedirle a ChatGPT que te ayude con una canción o rima que te ayude a recordarlas. Puedes pedirle que prepare preguntas de muestra, de la misma manera que tus profesores prepararían preguntas de cuestionarios con él. Así, puedes obtener uno o dos exámenes de práctica y trabajar en ellos.

Además de todo eso, ChatGPT puede ser de gran ayuda para tomar notas. Es como tener un asistente personal para anotar y seguir la información sobre cualquier tema que se te ocurra. Todo lo que tienes que hacer es proporcionar a ChatGPT una instrucción explicando sobre qué quieres que tome notas. Una vez que ha preparado tus notas, puedes pedirle que las organice y etiquete, para que sepas exactamente dónde encontrar diferentes fragmentos de información.

Adicionalmente, uno de los mayores desafíos que enfrenta un estudiante típico es la planificación y gestión del tiempo. Es por eso que los profesores a menudo animan a los estudiantes a crear planes de estudio para ellos mismos.

Desafortunadamente, puede ser un desafío si no sabes cómo hacerlo. Una excelente manera de hacer que ChatGPT comience a elaborar un plan de estudio para ti es proporcionarle las fechas de tus exámenes y cuestionarios, las fechas de inicio y fin de tus semestres, y los diferentes conjuntos de materias que necesitas estudiar en diferentes momentos. Si tus profesores tuvieron la previsión de proporcionarte programas de estudio, dale esa información a ChatGPT también. Una vez que tenga todos los datos que necesita, creará un plan y horario de estudio que funcione para ti. Si sientes que necesitas enfocarte un poco más en, digamos, matemáticas en lugar de historia al estudiar, asegúrate de decirle eso a ChatGPT, y ajustará tu plan de estudio para reflejar esta necesidad.

Siguiendo el caso de los estudiantes, hablemos de tareas. Típicamente, a los estudiantes se les dan ensayos y deberes. Si tienes que entregar un ensayo, ChatGPT puede ayudarte a encontrar ideas sobre qué escribir, corregir tu ortografía y gramática, e incluso ayudarte a citar fuentes, lo cual puede ser irritantemente tedioso cuando tienes que hacerlo solo. También puede ayudarte a verificar los datos de tu tarea, y si tienes dificultades para entender un problema (el por qué se resuelve de la manera en que se hace), ChatGPT puede darte instrucciones paso a paso y explicarte cómo se resuelve. De esta manera, no solo obtendrás buenas calificaciones, sino que estarás seguro de que realmente comprendes lo que estás aprendiendo.

Por último, una de las mejores partes de ChatGPT es la experiencia de aprendizaje personalizado que puede ofrecerte. Para aprovechar esta capacidad, tendrás que compartir cosas como tus calificaciones y respuestas de exámenes y cuestionarios, muestras de escritura y tareas de muestra con ChatGPT. La IA entonces podrá analizar a fondo los datos proporcionados. Basándose en las conclusiones a las que llegue, podrá identificar lagunas en tu conocimiento, cosas en las que necesitas un poco más de ayuda para hacerlo bien, y las mejores formas de reforzar lo que sabes. Utilizando ese conocimiento, podrá crear recomendaciones personalizadas para ti sobre lo que deberías leer y revisar, junto con ejercicios prácticos que te ayudarán, así también como materiales de aprendizaje sugeridos.

Por supuesto, ChatGPT no es únicamente útil para estudiantes, como has visto. Volviendo al ámbito de los docentes, es fácil ver cuán útil puede ser para ellos. Considera la corrección de exámenes, que puede ser una tarea tan tediosa y agotadora como crear cuestionarios y exámenes. Hoy en día, esta es una responsabilidad que un profesor puede delegar en los "hombros virtuales" de ChatGPT (Ohiri, 2023). Esto funciona mejor con cosas como preguntas de opción múltiple y cuestiones que requieren respuestas más cortas. Al procesar los exámenes y cuestionarios de los estudiantes a través de ChatGPT, puedes calificarlos fácilmente en minutos, en lugar de pasar horas y horas haciéndolo tú mismo.

ChatGPT también puede incorporarse a la vida académica fuera del aula. En la actualidad, muchas universidades lo utilizan para proporcionar a los estudiantes un chatbot que les ayude a navegar por el campus, inscribirse en sus diferentes cursos e incluso obtener asesoramiento sobre prácticas profesionales y carreras. Además, algunos profesores integran ChatGPT en los libros de texto digitales que utilizan, creando así un entorno de aprendizaje interactivo para sus estudiantes. Esto les permite intercalar videos, ventanas emergentes, ejemplos y más en los materiales del curso, mejorando la experiencia de aprendizaje de sus estudiantes. Sumado a esto, el hecho de que ChatGPT puede usarse como un método de tutoría virtual fuera de clase, se puede argumentar que ChatGPT podría convertirse en el futuro del aprendizaje electrónico, al menos en cierta medida.

ChatGPT en Desarrollo de Software

ChatGPT puede beneficiar a muchos campos diferentes, pero en ningún lugar es su beneficio más evidente que en el desarrollo de software y la ciencia de datos. Lo más probable es que una de las primeras palabras que te venga a la mente cuando escuchas "ChatGPT" sea "software". ¿Cómo no sería así cuando se tuvieron que usar líneas y líneas de código para crear ChatGPT en primer lugar? Sin embargo, hoy en día, la relación entre ChatGPT y la codificación no es unidireccional. Así como se utilizó la codificación para crear ChatGPT, ChatGPT puede utilizarse para escribir líneas de código.

Para aquellos de ustedes que son nuevos en el mundo de la codificación, piensen en ello como hablar diferentes idiomas en diferentes países. Así como podrías hablar francés en Francia e Italiano en Italia, los desarrolladores utilizan diversos lenguajes de codificación como Python, JavaScript, C# y Java. Estos lenguajes son las herramientas que los desarrolladores utilizan para "hablar" con las computadoras y crear diferentes programas y aplicaciones. Ahora, imagina a ChatGPT como un políglota bien viajado que habla con fluidez todos estos "idiomas" o lenguajes de programación. Así es ChatGPT hoy en día, pues puede crear fragmentos de código en todos estos lenguajes y muchos más. Incluso puede hacer tareas más especializadas, como crear entradas de valores separados por comas (CSV), que se utilizan para resolver problemas del mundo real, como problemas de ciencia de datos o crear plantillas de infraestructura como código.

Ahora, si alguna vez has intentado escribir código, sabes cuán largo y arduo puede ser el proceso. Coloca un simple punto donde no debe ir, o presiona accidentalmente el espacio al escribir tu código, y en el mejor de los casos, la aplicación o lo que estabas desarrollando tendrá fallas. Necesitarás revisar todo el código que has escrito, posiblemente con una lupa, para encontrar y eliminar ese error tipográfico que causa todos tus problemas. Este es el principal dolor de cabeza que ChatGPT puede ahorrarte porque, a diferencia de nosotros, simples humanos, la IA no cometerá tales errores minúsculos. Generará el código que necesitas con precisión y lo hará diez veces más rápido de lo que jamás podrías esperar.

Un beneficio adicional de usar ChatGPT para generar código es que puede presentarte formas alternativas de hacerlo. ¿Recuerdas esas escenas cliché de las comedias donde un niño pide ayuda a un padre con la tarea de matemáticas? El padre, confiado al principio, intenta explicar la vieja forma en que aprendió, solo para que el niño mueva la cabeza y diga: *"Así no es como se supone que debemos hacerlo"*. Luego, el niño muestra el nuevo método, dejando al padre desconcertado y diciendo: *"No entiendo esta nueva matemática"*, antes de rendirse. Bueno, la codificación es un poco así. Evoluciona constantemente con nuevos métodos y enfoques, dejando a veces incluso a desarrolladores experimentados rascándose la cabeza. ChatGPT entra en juego aquí como un niño conocedor de la tecnología que está al día con la última 'matemática' de codificación. Si te encuentras atascado como ese padre desconcertado, puedes recurrir a ChatGPT, que te presentará nuevas formas de hacer las cosas. Así, en lugar de marcharte confundido, puedes aprender y crecer con ChatGPT como tu compañero de codificación moderno.

Siguiendo con el tema, hablemos de depuración (debugging), este es otro aspecto en el que puedes usar ChatGPT (Dilmegani, 2023). Supongamos que te encuentras con un mensaje de error y no tienes idea de qué error tipográfico se deriva. Simplemente activa ChatGPT e inserta fragmentos de código en él, luego pídele que analice y sugiera posibles soluciones. ¿No suena mucho más fácil que revisar tu código minuciosamente? Alternativamente, supón que has estado trabajando en un código por quién sabe cuánto tiempo. Tienes una fecha límite, pero estás realmente agotado. Necesitas dormir, pero si cedes a esa necesidad, no podrás terminar tu código. En este caso, puedes acudir a ChatGPT, que puede predecir cuáles deberían ser las siguientes líneas en tu código basándose en las ya existentes. Este proceso también puede reducir cualquier posible error que puedas cometer al codificar.

ChatGPT también es capaz de otra hazaña relacionada con la codificación, que es la reestructuración del código. Eso es una forma elegante de decir que puede mejorar la legibilidad, estructura y calidad general de tu código. Piensa en la reestructuración del código como edición. Si esto fuera un libro real que estás escribiendo, entonces la reestructuración del código serían las correcciones que tu editor —ChatGPT— te da. ChatGPT puede ofrecerte estas notas editoriales de varias maneras. Puede sugerir cambios para nombres de variables, eliminar partes redundantes del código y sugerir otras mejoras.

Hay una última cosa que ChatGPT puede hacer por ti en lo que respecta a la codificación, y es la documentación del código. Básicamente, ChatGPT puede recomendarte ciertas plantillas listas para que utilices, dependiendo de lo que quieras que haga tu código. Si no estás seguro de qué plantilla usar, puede hacer sugerencias y ejemplos, incluso llegando a explicarte códigos que parecen complejos.

ChatGPT en Ciencia de Datos

Vivimos en un mundo repleto de datos. Algunos de estos datos son superfluos, mientras que otros son muy importantes y útiles. Esto es especialmente cierto para aquellos cuyo trabajo implica analizar las copiosas cantidades de datos que reciben todos los días, como aquellos que tienen que hacer análisis de mercado. Estas personas tienen que bucear en este vasto mar de datos y encontrar la información que necesitan mientras descartan el resto. Hacer esto solo puede ser desesperadamente lento, pero ¿hacerlo con la ayuda de ChatGPT? ¡No tanto!

ChatGPT puede ser increíblemente útil en el análisis de datos gracias a sus capacidades de Procesamiento de Lenguaje Natural (PLN). Como discutimos al principio del libro, esta tecnología permite que la máquina entienda e interprete el lenguaje humano. Imagínalo como un traductor entre datos complejos y el español simple. Puede encontrar y extraer fácilmente la información relevante que necesitas e identificar errores en los datos recopilados. Luego puede clasificar los datos relevantes y correctos en las categorías adecuadas, cuidando de etiquetarlos con precisión (Great Learning Staff, 2023). Una vez hecho esto, puede traducir datos que necesitan interpretación en narrativas cohesivas y comprensibles. En resumen, puede usar lo que ha encontrado y recopilado para crear una historia o un informe analítico, si prefieres una descripción menos emocionante. Estas historias pueden señalar de inmediato indicadores clave de rendimiento (KPIs) y métricas, ilustrar los patrones de los datos y explicarlos de manera ordenada y exhaustiva.

Por supuesto, ChatGPT no tiene por qué detenerse ahí. Puede ir un paso más allá identificando todas las tendencias relevantes, haciendo predicciones y formulando hipótesis plausibles. Puedes usar estas cosas tanto para planificar tus próximos movimientos en la industria en la que te encuentras como para hacer las preguntas perspicaces correctas que necesitas para analizar aún más las cosas. Todo este proceso se conoce como análisis exploratorio de datos (AED) y va de la mano con algo llamado modelado predictivo. El modelado predictivo significa crear modelos de cómo se desarrollarán las cosas en el futuro. ChatGPT puede ayudar con esto también, ofreciéndote interpretaciones precisas y confiables de los datos y hechos. Puede ofrecerte consejos y orientación sobre cómo determinar los parámetros del modelo que estás diseñando e incluso elegir el algoritmo de aprendizaje automático adecuado que te permita alcanzar los objetivos que deseas.

Dicho esto, los científicos de datos deben tomar las conclusiones y predicciones que ChatGPT hace con precaución. Esto se debe a que ChatGPT puede estar sesgado, dependiendo de qué tipo de información y fuentes se haya entrenado, como ya sabes. También se debe a que entender cómo ChatGPT llegó a algunas de las conclusiones que presenta puede ser difícil. Como regla general, si una conclusión que ChatGPT te presenta es difícil de entender, pedir una explicación adicional es una buena idea.

Puntos Clave

- ChatGPT está revolucionando el marketing, añadiendo toques personales y eficiencia a las campañas.

- Los periodistas ahora usan ChatGPT para filtrar datos, obtener percepciones sobre tendencias, verificar hechos y más.

- ChatGPT permite a los creadores de contenido resumir, corregir y estructurar escritos de manera más efectiva.

- El marketing por correo electrónico fue transformado con ChatGPT, llevando a campañas más rápidas y altamente personalizadas.

- ChatGPT mejora la creación de contenido, optimizando hashtags e impulsando publicaciones virales en redes sociales.

- Los profesores se benefician de ChatGPT al facilitar la creación y calificación de cuestionarios, mejorando la gestión del tiempo.

- Los estudiantes utilizan ChatGPT para planes de estudio personalizados, ayuda con las tareas y experiencias de aprendizaje únicas.

- Los desarrolladores de software confían en ChatGPT para depuraciones precisas, análisis y corrección de código.

- ChatGPT genera código preciso y rápido, evitando los errores humanos típicos en el desarrollo.

- En el análisis de datos, ChatGPT traduce datos complejos al español simple, creando narrativas perspicaces.

Pon a Prueba tus Conocimientos

Antes de continuar, pongamos a prueba todo el conocimiento que has adquirido. A continuación, tengo dos escenarios del mundo real para ti. Piensa en ello como un taller práctico incluido en estas páginas. Podrás aplicar lo que has aprendido y enfrentar algunos desafíos de frente. ¿Listo? ¡Comencemos!

Estudio de Caso #1

Acabas de ser nombrado jefe del departamento de aprendizaje en línea en una universidad progresista. La administración de la universidad está ansiosa por incorporar tecnologías de inteligencia artificial para mejorar tanto la enseñanza como la experiencia de aprendizaje. Has aprendido que ChatGPT puede ser un cambio radical en la educación, pero necesitas idear un plan concreto para implementarlo de manera eficiente.

Partiendo de eso, tus desafíos son multifacéticos. El profesorado necesita asistencia en la calificación, creación de cuestionarios y mejora de sus materiales de enseñanza, mientras que los estudiantes requieren apoyo en el estudio, toma de notas, planificación, asistencia con las tareas y experiencias de aprendizaje personalizadas.

1. ¿Cómo usarías ChatGPT para ayudar a los miembros del profesorado a calificar preguntas de opción múltiple y respuestas cortas de manera eficiente, sin perder el toque personal que pueden proporcionar los evaluadores humanos?

a) Haría que ChatGPT califique todos los exámenes sin intervención humana y deje comentarios personalizados sobre el rendimiento de cada estudiante.

b) Implementaría ChatGPT para calificar las partes objetivas del examen, como preguntas de opción múltiple, mientras que los profesores califican manualmente las respuestas subjetivas y añaden retroalimentación personal.

c) Usaría ChatGPT sólo para generar preguntas de cuestionarios, pero no para calificar, dejando todas las responsabilidades de evaluación a los profesores.

2. Los estudiantes tienen problemas con la gestión del tiempo y la planificación de estudios. ¿Cómo usarías ChatGPT para ayudarles a elaborar un plan de estudio personalizado?

a) Pediría a los estudiantes que introduzcan manualmente todas sus materias, fechas de exámenes y preferencias personales en un sistema, y luego haría que ChatGPT genere un plan de estudio estándar para todos.

b) Dejaría la planificación de estudios a los estudiantes sin ninguna ayuda de IA, y usaría ChatGPT sólo para ayudarlos con la toma de notas.

c) Animaría a los estudiantes a compartir sus calificaciones, fechas de exámenes, preferencias de materias y necesidades específicas de aprendizaje con ChatGPT, permitiéndole analizar los datos y crear un plan de estudio adaptado que refleje las necesidades individuales.

Respuestas: 1-b, 2-c

Estudio de Caso #2

Te has unido al equipo de atención al cliente de una nueva aplicación de meditación. Actualmente, eres el único miembro del servicio al cliente a bordo. Las personas usan la aplicación todo el tiempo, incluso tarde en la noche y durante los fines de semana, y debido a que la aplicación es nueva, hay muchos problemas que deben ser solucionados. El equipo técnico está en ello, y es tu responsabilidad mantenerlos informados de la situación y hacerles saber qué problemas están experimentando los clientes. Sin embargo, eres solo una persona. Necesitas descansar y dormir, lo que significa que no puedes reportar toda la noche, todas las noches y durante los fines de semana.

1. ¿Cómo puedes usar ChatGPT para manejar la situación de los clientes reportando problemas a todas horas?

a) Puedo desarrollar e implementar nuevas características basadas en los comentarios de los usuarios durante la noche.

b) Puedo usarlo para redactar y enviar correos electrónicos personalizados a cada cliente, abordando sus preocupaciones.

c) Puedo usarlo para crear un sistema automatizado que recoja los problemas de los usuarios y cree un informe para el equipo técnico.

2. Dado que el reporte constante al equipo técnico es indispensable, ¿cómo puede ChatGPT ayudarte con esto mientras descansas?

a) Analizando los fallos de la aplicación y desplegando automáticamente soluciones al servidor.

b) Monitorizando los comentarios de los usuarios y resumiendo los problemas más comunes para que yo los reporte.

c) Interactuando con los clientes en redes sociales para recopilar percepciones y promocionar la aplicación.

Ahora estás trabajando en el equipo de desarrollo de la misma aplicación de meditación. Recientemente, tú y tu equipo lanzaron una actualización para la aplicación, la cual comenzó a fallar inmediatamente...

3. ¿Cómo puede ChatGPT ayudar al equipo de desarrollo a identificar el error?

a) Generando fragmentos de código y escenarios potenciales que podrían haber causado el error.

b) Analizando el comportamiento del usuario y proponiendo posibles soluciones basadas en sus comentarios.

c) Traduciendo el contenido de la aplicación a diferentes idiomas para expandir su alcance global.

4. ¿Cómo podría usarse ChatGPT no solo para solucionar el error existente sino también para mejorar la calidad general del código?

a) Realizando un análisis detallado de las reseñas de los usuarios y proponiendo nuevas características para la aplicación.

b) Colaborando con el equipo de diseño para crear una nueva identidad visual para la aplicación, con un código más simple para evitar futuros fallos.

c) Proporcionando ejemplos de código, mejores prácticas y sugerencias para mejoras al código existente.

Respuesta: c)

Answers: 1-c, 2-b, 3-a, 4-c

Tu Huella en la Revolución de la Inteligencia Artificial

"Compartir conocimiento es un costo que todos podemos cubrir, y uno que la sociedad no puede permitirse descuidar."

Desconocido

En nuestro mundo en constante cambio, muchas personas luchan por mantenerse al día con el ritmo acelerado. Pero, ¿y si todos tuviéramos una oportunidad de adelantarnos? Podría ser tan simple como aprender algo nuevo y mejorar en lo que hacemos.

Entonces, ¿por qué no más de nosotros aprovechamos esta oportunidad? Bueno, a veces es difícil saber por dónde empezar o qué aprender. Ahí es donde tú y yo entramos.

Con tu ayuda, podemos difundir las perspectivas de este libro e invitar a más personas al emocionante mundo de la IA y ChatGPT. Se trata de hacer conexiones, crear oportunidades y compartir el conocimiento que puede cambiar vidas.

He hecho el trabajo inicial aquí, y ahora me estoy acercando a ti como un amigo. ¿Podrías dedicar un minuto de tu tiempo? Al publicar una reseña de este libro en Amazon, serás como una estrella guía para aquellos que buscan encontrar su camino.

Sí, es así de simple. Una breve reseña de lo que piensas hasta ahora, o incluso una calificación de estrellas de este libro en Amazon, ayudará enormemente a otras personas no familiarizadas con esta nueva tecnología a encontrar el libro y unirse a nosotros en este aprendizaje.

Busca el libro en Amazon o escanea el código QR para dejar una rápida reseña y únete en este increíble viaje de ayudar a otros.

¡Gracias!

El Poderoso Impacto de ChatGPT en Otras Industrias

"Para 2025, se proyecta que el mercado global de Inteligencia Artificial alcance los 190 billones de dólares, creciendo un 40.2% desde 2020 hasta 2025."

Shanal Govender

Así como ChatGPT afecta a varios sectores, también afecta a la mano de obra que forma parte de ellos, y lo cierto es que las diversas funciones y servicios que ofrece ChatGPT están redefiniendo las descripciones de trabajo de la gente. ¿Qué significan estos cambios para el futuro de las distintas industrias y cómo transformarán la mano de obra del mundo?

ChatGPT en la Medicina

El sector de la medicina es posiblemente uno de los mayores del mundo, si no el más grande. Esto es más que comprensible. Al fin y al cabo, todo el mundo necesita o necesitará atención médica en algún momento de su vida. Según la Organización Mundial de la Salud (OMS), esta industria se valoró en 8.45 billones de dólares solo en 2018 (Kesherim, 2023). Entonces, ¿cómo ha afectado exactamente el ChatGPT a una industria tan grande e impactante?

En el pasado hubo intentos de introducir la IA en la asistencia sanitaria, pero fueron lentos. Esto cambió con la pandemia de COVID-19, cuando la gente se quedó atrapada en casa y no podía ir a urgencias por miedo a enfermar, aunque necesitara ayuda médica. Entonces se introdujo la telemedicina, en la que Chat-GPT desempeñó un papel importante. La telemedicina permite a los pacientes buscar consejo y tratamiento médico a través del teléfono y de asistentes virtuales (Moore, 2023). Estos asistentes virtuales, creados con IA, hacen de todo, desde ayudar a los pacientes a reservar citas hasta gestionar su información personal. Hoy en día, los profesionales sanitarios confían bastante en la IA, sobre todo en lo que respecta a la telemedicina, porque puede ayudarles en las decisiones clínicas que deben tomar. Aunque, en última instancia, siempre será un médico humano el que te llame para informarte de tu enfermedad y recetarte algo, Chat-GPT puede participar activamente en el proceso. Puede ayudar en el diagnóstico haciendo recomendaciones en tiempo real basadas en las pruebas disponibles. También puede detectar y señalar posibles interacciones entre medicamentos, lo que ahorra a pacientes y médicos muchas molestias posteriores.

Dada la capacidad de recuerdo de ChatGPT, es comprensible que también sea increíble en el mantenimiento de historiales médicos. Desde resumir los historiales médicos de innumerables pacientes hasta agilizar el proceso de mantenimiento de ellos, tiene mucho que ofrecer al sector de salud en este campo, y una forma de aprovechar esta función en el futuro es a través del dictado. Suponiendo que las tecnologías de voz a texto avancen lo suficiente (que lo harán), los médicos podrán dictar sus hallazgos, resultados de pruebas, síntomas y demás a ChatGPT. ChatGPT podrá resumir la información clave y utilizarla para hacer extrapolaciones.

Esta tecnología no sólo permite llevar un registro eficaz, sino que también facilita la comprensión a los pacientes, porque a menudo, recibir un diagnóstico puede resultar bastante confuso para ellos. Esto se debe a que dicho diagnóstico puede estar plagado de términos médicos y resultados de pruebas que no entienden realmente ¿cómo podrían, ya que probablemente nunca asistieron a la escuela de medicina? En tal caso, el paciente suele acudir a Google, lo que le llevará tiempo y esfuerzo, ya que tendrá que leer y buscar muchas cosas.

Con ChatGPT, sin embargo, no tendrán que hacerlo. En lugar de eso, puede traducir el lenguaje médico a términos sencillos, y así comprender mejor su propio diagnóstico y tratamiento. Asimismo, se pueden traducir estas cosas a otros idiomas, como al inglés o al chino, lo cual es esencial, ya que no todo el mundo habla la misma lengua materna.

Aunque los beneficios inmediatos para los pacientes en cuanto a comprensión son evidentes, también existe un potencial de aplicación más amplio para la IA en escenarios médicos más complejos e innovadores.

En particular, ChatGPT cobra protagonismo en el ámbito de los ensayos clínicos. Las diversas funciones de las cuales dispone, que hemos tratado hasta ahora, pueden ser vitales para desarrollar nuevos métodos de tratamiento. Además, se pueden utilizar para desarrollar nuevas herramientas de diagnóstico, encontrar a los participantes mejor dispuestos para los ensayos, comprobar los síntomas, realizar un seguimiento del progreso de los participantes y mucho más. Los profesionales médicos pueden utilizar todo esto para modificar los tratamientos, trabajar en las nuevas iteraciones de los ensayos y determinar los siguientes pasos. Más adelante, esta información puede aprovecharse con fines educativos.

En realidad, al igual que en el aprendizaje electrónico, ChatGPT puede utilizarse para ampliar la formación tanto de estudiantes de medicina como de médicos y cirujanos. La medicina es un campo en constante evolución, en el que cada día se inventan nuevos medicamentos, tratamientos y enfoques. Un profesional de la medicina necesita estar al día de todo esto, lo que significa que tiene que ampliar constantemente su formación. Sólo así puede estar seguro de que proporciona a sus pacientes los mejores cuidados posibles.

Sin embargo, hay que recordar que "cuidar" no sólo significa recetar a alguien los medicamentos adecuados en el ámbito médico. También significa cuidar de su salud mental y su bienestar. ChatGPT puede ayudar en este sentido proporcionando a los pacientes apoyo en salud mental, comprobando su bienestar tras el tratamiento y haciendo un seguimiento. Puede hacer un seguimiento de la progresión y el desarrollo de la enfermedad y ayudar en la gestión de la medicación. De este modo, puede garantizar que todos los aspectos de la atención al paciente están bien cubiertos.

El único inconveniente de todo esto es que ChatGPT no es empático al interactuar con los pacientes, al menos en comparación con los médicos y profesionales humanos. Sin embargo, esto es sólo un problema momentáneo (*¿Transformará ChatGPT la asistencia sanitaria?*, 2023). ChatGPT está siendo entrenado para ser más empático en su diálogo y sus respuestas, lo que significa que mejorará con el tiempo. Una vez que lo haga, las cosas que ofrecerá al sector de salud serán ilimitadas, sobre todo porque aumentará significativamente la cobertura de servicios que los médicos pueden ofrecer a sus pacientes.

ChatGPT en el Entretenimiento

La idea de utilizar ChatGPT y la IA en general, en un campo creativo como la industria del entretenimiento, puede sonar un poco extraña. Sin embargo, no es ni tan inusual como creerías. En la actualidad, una cantidad asombrosa de personas utilizan ChatGPT con fines de entretenimiento, ya sea para escribir un poema, una historia, crear sketches cómicos para una noche de micrófono abierto o incluso para idear guiones para programas de televisión, películas y obras de teatro (Saeed, 2023).

De hecho, muchas personas, incluidas personas de gran renombre de Hollywood, utilizan ChatGPT para generar nuevas ideas. Para ello, alimentan guiones existentes similares al tipo de obra que quieren crear, como una comedia romántica, un thriller o cualquier otra cosa. ChatGPT se entrena con estos modelos y de este modo, aprende exactamente el formato y el estilo que debe utilizar, incluyendo cómo crear tensión en la trama, desarrollar los personajes, hilvanar un final culminante y mucho más.

Partiendo de esto, digamos que formas parte de un estudio que está buscando la próxima gran idea para un programa de televisión. ChatGPT puede hacer que esta búsqueda sea mucho más fácil de llevar a cabo, ya que puede generar un montón de ideas en un tiempo récord. Tu puedes elegir una idea entre las opciones que te presenta o puedes refinar tu pregunta para especificar exactamente qué tipo de guión estás buscando, de modo que ChatGPT te dé otras ideas que podrían encajar mejor con lo que tienes en mente.

Por supuesto, la industria del entretenimiento no se limita a películas y programas de televisión. Abarca monólogos, música, libros, cómics, guiones para contenido de Youtube, videojuegos, etc. Por ejemplo, si alguna vez has jugado a videojuegos, sobre todo a los de rol y acción, sabrás que en ellos abundan los grandes argumentos, los finales con múltiples opciones y los diálogos intrigantes. En esencia, un buen videojuego es algo así como una novela o una película que se puede jugar, y escribir uno de estos puede ser difícil. Esto es doblemente cierto en el caso de las escenas en las que el diálogo entre tu personaje y los personajes no jugables se desarrolla y cambia en función de tus elecciones. Afortunadamente, ChatGPT puede echarte una mano a la hora de crear estas ramas de diálogo.

Del mismo modo ¿Recuerdas cómo podías utilizar ChatGPT para crear una canción cuando estudiabas y así poder recordar varios datos más fácilmente? Pues bien, los poemas y canciones con los que te ayuda ChatGPT no tienen porqué tener únicamente fines educativos. También pueden ser poemas que simplemente quieras escribir por pura creatividad. Siempre que entrenes a ChatGPT con grandes cantidades de poesía, podrá aprender el modelo y el estilo que quieras y empezar a escribir los suyos propios en un abrir y cerrar de ojos. Lo mismo ocurre con las letras de las canciones. Utilizar ChatGPT de esta manera es una forma excelente de conseguir material original. Tampoco tienes que utilizar los poemas y las letras exactamente como ChatGPT los hizo. Puedes utilizar el trabajo de la IA como una especie de plantilla y luego ponerte manos a la obra jugando con el texto que tienes a mano. De este modo, puedes crear una obra colaborativa con ChatGPT que no sea menos creativa y bella que cualquier otra.

Teniendo en cuenta todos estos ejemplos diferentes de cómo ChatGPT afecta al trabajo creativo, uno no puede evitar preguntarse cómo va a afectar la IA a la narración de historias en sus múltiples formas en el futuro. A algunas personas, por ejemplo, les preocupa que el uso de la IA en la narración de historias provoque una pérdida de contenido original (AIContentfy Team, 2023).

"¿No seguirá la Inteligencia Artificial produciendo continuamente el mismo tipo de materiales una y otra vez?", se preguntan. La cuestión es que el tipo de contenido que crea ChatGPT depende totalmente de lo que se le enseñe y de cómo se redacten las instrucciones. Estas dos cosas pueden cambiar de una persona a otra, lo que significa que ChatGPT puede recibir diferentes tipos de información de diferentes personas. ¿No es lógico, entonces, que su resultado también sea siempre diferente?

Otra preocupación que han planteado algunas personas es cómo afectará la IA el papel de los narradores (en términos de relatos, narrativas, storytelling) en las industrias creativas. *"¿Es posible que ChatGPT, por ejemplo, pueda sustituir a novelistas, guionistas y similares? Si es así, ¿no afectaría eso drásticamente sus medios de vida?"*. Para ser justos, es una pregunta válida, pero es demasiado pronto para saber si la IA sustituirá o no a los storytellers. Lo más probable es que ellos y la IA establezcan una relación de mayor colaboración, como en el ejemplo del poema y la letra. Otra posibilidad es que los espacios creativos acaben dando cabida tanto a narradores humanos como a narradores de IA. Esto sería muy interesante, ya que ambos tienen diferentes enfoques y formas de ver el mundo.

Una última preocupación en relación con la narrativa de historias y la Inteligencia artificial es que ésta se utilice como herramienta en los campos creativos para difundir propaganda y desinformación. Pero la cuestión es que, aunque se trata de una preocupación razonable, los seres humanos llevan mucho tiempo utilizando la narración como herramienta de desinformación y propaganda. Piensa en las numerosas películas que hizo la Alemania nazi cuando estaba en el poder. Los seres humanos no necesitan la IA para poder utilizar la narración para sus propios fines. La IA puede acelerar su capacidad para difundir propaganda, por supuesto, pero no mucho, al menos no en la época en que vivimos. Aunque esta preocupación es algo a tener en cuenta en relación con el futuro de la narrativa, no debe utilizarse para condenar el papel de la IA en ella.

ChatGPT en Atención al Cliente

Si ya has trabajado en el servicio de atención al cliente, sabrás que puede ser un trabajo agotador, sobre todo cuando entran en juego ciertos clientes. Aquí es donde ChatGPT puede convertirse en tu salvavidas, devolviendo la cordura a tu vida laboral. Como ya hemos comentado, la gente del servicio de atención al cliente ya está bastante familiarizada con la IA: los chatbots llevan tiempo gestionando consultas del tipo FAQ (Preguntas Frecuentes). Pero ChatGPT lo lleva a un terreno completamente nuevo.

ChatGPT confiere un toque más humano a las respuestas a los problemas y consultas de los clientes gracias a funciones como completar, generar y clasificar textos. Y seamos sinceros: los clientes lo agradecen. A nadie le gusta la sensación de chatear con un bot frío e indiferente que parece ajeno a sus problemas. Mantener una conversación con una entidad "real", lista y dispuesta a echar una mano, crea una sensación de comodidad y hace que la ayuda parezca más asequible.

Los representantes del servicio de atención al cliente también dan dos pulgares arriba a ChatGPT por gestionar las consultas de los clientes de forma independiente. Les ahorra tener que repetir una y otra vez las mismas respuestas a las mismas preguntas. Con el tiempo que tienen libre, pueden estudiar más detenidamente los mensajes y problemas más urgentes e incluso idear formas de mejorar el proceso de atención al cliente para todos a largo plazo.

Otra gran ventaja que ChatGPT pone sobre la mesa tanto para los clientes como para los funcionarios de atención al cliente son sus propiedades de traducción. Como ya hemos dicho, algunas personas hablan idiomas diferentes y, por eso, a veces las cosas se pierden en la traducción. ChatGPT puede garantizar que eso no ocurra nunca encargándose de los asuntos de traducción.

Además, hoy en día ChatGPT puede analizar el sentimiento de los mensajes de los clientes. De este modo, puede diferenciar entre un mensaje verdaderamente enfadado, de otro tranquilo y comprensivo. Una vez hecha esta diferenciación, puede responder de la forma más adecuada. En el primer caso, puede ser necesario adoptar un lenguaje apaciguador y de disculpa. En el segundo, puede ser necesario adoptar un tono más tranquilo y amistoso. Para otro tipo de mensajes, ChatGPT puede utilizar un lenguaje y un tono totalmente distintos.

Que ChatGPT pueda responder al sentimiento con el que un cliente escribe su mensaje está muy en consonancia con su capacidad para escribir mensajes personalizados a los clientes. Aunque esta capacidad es muy impresionante en la actualidad, hay que decir que todavía está en sus primeras fases. A medida que pase el tiempo, irá cambiando y evolucionando, hasta que ChatGPT pueda empezar a tratar a cada persona con la que interactúa como un individuo por derecho propio. Por no hablar de que podrá hacerlo conservando el tono de voz y la individualidad de la marca a la que representa.

En conclusión, ChatGPT está transformando el panorama de la atención al cliente. Sus habilidades facilitan mejores conversaciones y su continua evolución promete aún más mejoras en el futuro. Es una nueva era para la interacción con el cliente, y solo estamos comenzando.

Puntos Clave

- ChatGPT está transformando varias industrias y redefiniendo las descripciones de los puestos de trabajo en todos los sectores.

- En el sector de salud, ChatGPT ayuda en la telemedicina, mantenimiento de registros y recomendaciones en tiempo real, incluida la traducción del lenguaje médico.

- El potencial de ChatGPT en la medicina se extiende a los ensayos clínicos, la educación y la atención general al paciente, aunque la empatía sigue siendo un trabajo en curso.

- En el ámbito del entretenimiento, ChatGPT ayuda a crear poemas, historias, guiones y diálogos de videojuegos, lo que a menudo conduce a la colaboración con creadores humanos.

- En el mundo del espectáculo, existe la preocupación de la posible pérdida de originalidad, la sustitución de los narradores humanos y el uso indebido de la IA con fines propagandísticos, pero la realidad tiene matices.

- En el servicio de atención al cliente, ChatGPT añade un toque humano a las respuestas, gestiona consultas repetitivas e incluso traduce entre idiomas.

- Analizar el sentimiento de los clientes permite a ChatGPT responder adecuadamente, mejorando la experiencia del cliente.

- El papel de la IA en sectores como la educación, el periodismo y la creación de contenido es cada vez mayor, lo que altera los flujos de trabajo tradicionales.

- En general, la influencia de ChatGPT es generalizada y muy prometedora para diversas aplicaciones, y se espera que los avances en curso resuelvan las limitaciones actuales.

Pon a Prueba tus Conocimientos

Hasta ahora, hemos tratado varios sectores en los que ChatGPT puede utilizarse de formas únicas. Sin embargo, éstas no son las únicas industrias que pueden recurrir a la Inteligencia Artificial, hay muchísimas otras. Dado que tratar de abordarlas todas nos llevaría páginas y páginas, vamos a simplificar un poco las cosas y tratar de emparejar diferentes capacidades de la IA con diferentes industrias:

1. La capacidad de ChatGPT para redactar contratos legales reales se ajustaría mejor para:

a) El departamento de derechos subsidiarios de una casa editorial.

b) El departamento de derecho contractual de un bufete de abogados.

c) Empresas minoristas que tratan con bienes de consumo.

d) Todas las anteriores.

2. ChatGPT puede identificar patrones en el comportamiento pasado de los clientes que sean indicativos de fraude y aplicar estos conocimientos para predecir futuras actividades fraudulentas. ¿Quién puede aprovechar mejor esta función?

a) Alguien que trabaja en la banca o en el sector financiero.

b) Alguien que trabaje en el sector minorista.

c) Alguien que trabaje en el sector educativo.

d) Alguien que trabaja en atletismo.

3. ChatGPT puede analizar textos largos y elaborar una lista con las palabras clave más utilizadas en un sector específico. Esta información puede ser de gran utilidad para:

a) Un artista.

b) Un diseñador gráfico.

c) Un redactor publicitario.

d) Un director general.

4. ChatGPT puede utilizarse en pruebas A/B para obtener información de diferentes grupos focales. ¿En qué industria podría ser más útil esta herramienta?

a) Tecnología.

b) Finanzas.

c) Ventas y marketing.

d) Belleza.

Respuestas: 1-d, 2-a, 3-c, 4-c

Ahora que entiendes cómo ChatGPT está revolucionando varias industrias, vamos a profundizar en cómo puedes aprovechar su poder con tutoriales y ejercicios prácticos en el siguiente capítulo.

De la Teoría a la Acción: Tutoriales y Ejercicios Prácticos

"Dame 6 horas para talar un árbol y pasaré la primera afilando el hacha".

Abraham Lincoln

Probablemente ya estás convencido de que la inteligencia artificial y Chat-GPT son algunas de las herramientas más útiles que puede añadir a tu caja de herramientas, independientemente del sector al que te dediques. Sin embargo, como cualquier herramienta, no te servirán de mucho si no sabes cómo utilizarlas.

Piense en un cuchillo de cocina: ¿Quién crees que será capaz de hacer la comida más bonita y sabrosa con ese cuchillo? ¿Alguien que no haya cocinado nunca, alguien que sepa cocinar pero no tenga práctica, o un chef con estrellas Michelin? La respuesta debería ser bastante obvia, aunque no seas fan de la comida de estrella Michelin -seamos sinceros, nadie te culparía, dado lo pequeñas que suelen ser sus raciones-.

La misma lógica que se puede aplicar fácilmente a ChatGPT y a tu capacidad para utilizarlo para tus propósitos. Si quieres manejar ChatGPT con la pericia con la que un chef con estrella Michelin manejaría su cuchillo, lo que debes hacer es obvio: practicar, practicar y practicar.

Practicar cómo manejar una herramienta es infinitamente más fácil, por supuesto, si sabes exactamente qué pasos tienes que dar al usar dicha herramienta. Así que, te recomiendo descargar la guía gratuita si aún no lo has hecho, en brechtdinardo.com/guiagratis, y continuar leyendo este capítulo.

Nota: En el siguiente segmento, compartiré guías detalladas diseñadas especialmente para creadores de contenido escrito, profesionales de atención al cliente y dueños de negocios. Aún si estos temas no se alinean con tus intereses, te invito a seguir leyendo, ya que estoy seguro de que aprenderás algo y obtendrás ideas de como usar ChatGPT en tu caso específico.

Guía para la creación de contenido escrito

Una de las cosas clave para las que puedes utilizar ChatGPT es para crear contenido, como ya has visto. Entonces, ¿cómo se desarrolla este proceso y qué tienes que hacer? Veamos:

Paso #1: Elige tu tema de escritura.

Comienza seleccionando el tema sobre el que deseas escribir. Si ya tienes una idea clara, genial, es hora de empezar. En caso de que aún estés buscando inspiración, utilizar ChatGPT para generar ideas puede ser una gran ayuda. Empieza por definir un tema amplio, como la inteligencia artificial o la realidad virtual. Luego, formula una pregunta específica en ChatGPT para obtener sugerencias creativas (Chatman, 2023). Por ejemplo:

> "Estoy interesado en escribir acerca de la realidad virtual en el ámbito de la salud. ¿Podrías sugerirme algunas formas en que se está aplicando actualmente?"

Paso #2: Crea un esquema.

Ahora que ya sabes sobre qué quieres escribir, crea un esquema básico para ello. Puede parecer un trabajo tedioso, pero te sorprenderá lo mucho que te ayudará a organizar tus ideas y lo fácil que te resultará ponerte a escribir (Kidd, 2023). Al fin y al cabo, una de las cosas más difíciles de escribir es saber por dónde empezar. Si quieres, puedes pedir ayuda a ChatGPT para crear tu esquema inicial. Esto te ahorrará mucho tiempo y energía, así que es algo recomendable.

Para generar un esquema, tendrás que describir cuál quieres que sea la idea básica de tu artículo y especificar qué palabras clave -que deberás identificar antes de empezar a escribir tu esquema- deben utilizarse en él. Una vez que proporciones esta información a ChatGPT en tu solicitud, el sistema generará una respuesta, como siempre. Esta respuesta incluirá varios títulos y subtítulos, subtemas que puedes tratar en tu artículo y que están relacionados con tu idea principal, y esbozará la estructura general que seguirá el artículo.

Si el esquema que obtienes te parece demasiado amplio o vago, o si deseas cambiar algunos subtemas o títulos por otros, simplemente modifica tu pregunta para reflejar tus deseos. Sigue modificando hasta que ChatGPT te proporcione un esquema que te satisfaga. Por ejemplo:

> "He decidido escribir sobre el uso de la realidad virtual en el ámbito de la salud. Quiero cubrir áreas como la formación de profesionales médicos, la terapia de pacientes y la visualización médica. Por favor, crea un esquema para mí con títulos, subtítulos y puntos clave bajo cada uno, siguiendo esta estructura: Introducción, tres secciones principales para cada área de enfoque y una conclusión."

Paso #3: Empieza a escribir.

Por muy tentador que sea, no puedes utilizar ChatGPT para escribir la totalidad de tu artículo. Esto se debe a que ChatGPT funciona mejor con textos cortos que con textos largos, como recordarás. Lo mejor que puedes hacer es tomar la idea y el esquema que has obtenido con la ayuda de ChatGPT y empezar a correr con ella.

Paso #4: Lucha contra el bloqueo del escritor.

El bloqueo del escritor es uno de los obstáculos más molestos con los que te puedes encontrar como escritor de cualquier tipo. Por suerte, hoy en día es mucho más fácil de superar gracias a la existencia de ChatGPT. Digamos que has escrito la mayor parte de tu artículo, pero te has quedado atascado en la introducción. Las introducciones pueden ser notoriamente difíciles de escribir a veces, ya que la pregunta *"¿Por dónde empiezo?"* se apodera inmediatamente de tí. Si te encuentras en esta situación, puedes enviar a ChatGPT un mensaje explicando lo que quieres que diga tu introducción y cómo quieres que esté estructurada. De nuevo, siéntete libre de refinar aún más tu pregunta si la introducción que te proporciona no te satisface. Sigue así hasta que consigas una que te guste y que encaje con el resto del artículo. He aquí un ejemplo:

> "He escrito la mayor parte de mi artículo sobre el uso de la realidad virtual en la medicina, abarcando áreas como la formación de profesionales médicos, la terapia de pacientes y la visualización médica. Sin embargo, estoy atascado con la introducción. Quiero que sea atractiva, que ofrezca una visión general de las tres principales áreas de interés y que insinúe el impacto transformador de la realidad virtual en este campo. Por favor, ayúdame a elaborar una introducción que se ajuste a estos criterios".

Paso #5: Escribe tus meta-descripciones.

Las meta-descripciones son muy importantes para los creadores de contenido, porque una realmente bien redactada puede llamar inmediatamente la atención de los lectores y hacer que hagan clic en el enlace del artículo. ¿Alguna vez has comprado un libro porque leíste una cita muy buena de él, o has visto una película por una crítica o reseña en línea? Es algo así. Sin embargo, escribir una meta-descripción cautivadora puede ser todo un reto, ya que el número de caracteres es muy limitado. Las meta-descripciones sólo pueden tener 155 caracteres, menos de lo que Twitter (o formalmente "X") permite para un buen tweet. Sin embargo, en el caso de ChatGPT no es así. Mientras seas específico sobre tus deseos y necesidades en tu pregunta, será capaz de generar algunas meta-descripciones fascinantes para tu artículo en poco tiempo. A continuación un ejemplo:

> "Necesito una meta-descripción cautivadora para atraer a mis lectores que no supere los 155 caracteres. Debe destacar el aspecto innovador de la realidad virtual en la atención médica. Ayúdeme a crear esta meta-descripción, dandome 5 muestras diferentes para yo poder elegir mi favorita".

Paso #6: Elabora tus publicaciones en las redes sociales.

Mientras te ocupas de tu meta-descripción, es posible que también quieras considerar lo que quieres escribir sobre tu artículo en tus publicaciones en las redes sociales. Al igual que una meta-descripción intrigante, un buen tweet, post o hilo puede atraer a muchos lectores a tu artículo. De nuevo, al igual que una meta-descripción, escribirlo puede ser todo un reto. Si tienes problemas con esto, pudieses decirle a ChatGPT:

"Basándote en toda la información que dispones sobre mi artículo, ayúdame a crear posts atractivas para plataformas como Twitter, Facebook, LinkedIn y Threads, resumiendo las ideas clave y haciéndolas atractivas para mi público objetivo".

Para concluir, es importante que recuerdes que ChatGPT es tu aliado y tu amigo, no tu competencia ni mucho menos tu sustituto. Eso significa que, en lugar de abordarlo con recelo, deberías añadirlo libremente a tu caja de herramientas y utilizarlo para ser aún mejor en tu trabajo de lo que ya eres.

***

Guía de atención al cliente

En esta sección, nos adentraremos en el fascinante mundo de la atención al cliente, un sector crucial para cualquier negocio. Aquí exploraremos cómo puedes navegar y mejorar tu trabajo aprovechando las ventajas que ChatGPT ofrece.

Paso #1: Revisa las preguntas más frecuentes de los clientes.

Digamos que estás en el equipo de atención al cliente de una aplicación con suscripción. Una de las preguntas más habituales que te encuentras es: *"¿Cómo cancelo mi suscripción?"* o *"¿Cómo puedo actualizar mi cuenta a premium?"* o *"He olvidado mi contraseña"*. Ahora bien, puedes pasarte horas y horas respondiendo a estas mismas preguntas todos los días, o puedes elegir la opción más sensata y hacer que ChatGPT las responda. Para ello, tendrás que identificar cuáles son las preguntas que más te hacen (Patterson, 2023).

Paso #2: Instruye a ChatGPT para generar respuestas efectivas.

Después de identificar las preguntas frecuentes de tus clientes, es hora de indi-carle a ChatGPT cómo responderlas. Al hacerlo, facilitarás que la aplicación, al recibir una de estas consultas, proporcione de inmediato una respuesta precisa y lista para ser enviada por el chatbot. Así, podrás asegurar una interacción fluida y eficiente con el cliente, sin interrupciones innecesarias en tu flujo de trabajo.

Paso #3: Resume las conversaciones largas.

A veces te encontrarás inmerso en largas conversaciones con tus clientes. Esto suele ocurrir, por ejemplo, cuando un cliente tiene un problema técnico que tú y tu equipo intentan resolver. Lo más probable es que a lo largo de la conversación le recomiendes varias soluciones a tu cliente para probar. Si la conversación se prolonga lo suficiente, es posible que empieces a olvidar qué soluciones le has pedido que pruebe y cuáles no. Es normal, ya que somos humanos. Claro que puedes revisar todo el historial de conversaciones para comprobar lo que has dicho hasta ahora. Sin embargo, esto te costará tiempo y correrás el riesgo de saltarte algo en el proceso.

Una mejor estrategia sería pedir a ChatGPT que resuma toda la conversación, prestando especial atención a las soluciones que se han intentado hasta el mo-mento. De esta forma, podrás tener una ilustración concisa de todo lo que se ha hecho y podrás recomendar una nueva solución al cliente. Alternativamente, puedes proporcionar ese resumen al equipo técnico que trabaja en el fallo, dán-doles así una comprensión completa de lo que está mal, lo que se ha intentado para solucionarlo y lo que tienen que hacer a continuación.

Paso #4: Categoriza las preguntas recibidas.

En el servicio de atención al cliente, es probable que las preguntas que recibas ya te hayan sido formuladas anteriormente. Esto es ventajoso, ya que te permite ganar eficiencia en tu trabajo mediante una adecuada categorización de las consultas.

La clasificación de las preguntas, o mejor dicho, solicitar a ChatGPT que las clasifique y etiquete por ti, te beneficiará de dos maneras principales. Primero, te ayudará a identificar preguntas comunes que podrías haber ignorado previamente, permitiéndote utilizar ChatGPT para preparar respuestas automáticas para ellas. Segundo, te facilitará la detección rápida de problemas o consultas recurrentes. Al organizar los mensajes, podrás notar más rápidamente si varios clientes están experimentando un problema técnico similar con tu aplicación, permitiéndote informar al equipo técnico de manera más eficiente y resolver la situación con más rapidez.

Paso #5: Envía notificaciones.

Responder rápidamente a las preguntas de los clientes está muy bien, pero ¿y si no tuvieras que hacerlo? ¿Y si tus clientes pudieran obtener las respuestas a sus preguntas antes de que las formulen? Puede sonar un poco surrealista, pero es muy posible con ChatGPT. Digamos que hay un fallo en la aplicación y que el equipo informático está trabajando en ello (Mottesi, 2023). Sabes que recibirás una avalancha de mensajes de tus clientes preguntándote qué está pasando. Una buena estrategia es dar a ChatGPT un aviso para que escriba un mensaje explicando lo que está pasando y que el equipo técnico resolverá el problema en breve. Una vez que el mensaje esté listo, puedes enviarlo como una notificación. Puedes hacer lo mismo una vez que el problema técnico se haya resuelto y hacérselo saber a todo el mundo.

Paso 7: Envía ofertas especiales.

A menudo, las marcas, las empresas y las aplicaciones tienen ofertas especiales destinadas a atraer y seducir a los clientes. Por supuesto, los clientes deben conocerlas para poder aprovecharlas. Una vez más, puedes escribir concienzudamente correos electrónicos y notificaciones cada vez que tengas alguna noticia que compartir, y perder mucho tiempo y energía en el proceso. Alternativamente, puedes dejar que ChatGPT lo haga y ahorrarte la molestia y el dolor de cabeza.

***

Guía para agilizar los procesos empresariales

En el ámbito laboral, independientemente del sector, nos encontramos constantemente con tareas que, aunque puedan parecer menores, son cruciales y consumen un tiempo considerable. A menudo, estas actividades nos llevan a pensar *"esto sólo tomará cinco minutos"*, pero esos minutos se suman rápidamente, convirtiéndose en horas o incluso días de trabajo. ChatGPT puede ayudarte a automatizar varias de estas tareas rutinarias para liberar tiempo que podrás dedicar a actividades más productivas. A continuación, te presento una serie de pasos para lograrlo:

Paso #1: Simplifica las tareas rutinarias.

El primer paso para mejorar la eficiencia en tu empresa es automatizar las tareas mundanas y repetitivas. Este tipo de trabajo puede consumir una cantidad desproporcionada de tiempo, como la gestión de redes sociales o la contabilidad, actividades en las cuales ChatGPT puede ser una herramienta de gran ayuda para acelerar el proceso. Por lo tanto, haz un inventario de todas esas tareas rutinarias que realizas con frecuencia. Así, tendrás una visión clara de qué áreas necesitas optimizar y cómo puedes comenzar a hacerlo de manera más efectiva (Severino, 2023).

Paso #2: Anota tus procedimientos operativos.

¿Y si no está seguro de qué trabajos puede racionalizar y cuáles no? Por eso debes poner por escrito tus procedimientos operativos. Todas las empresas tienen procedimientos operativos estándar. Escribirlos con la ayuda de ChatGPT dará como resultado la creación de un proceso paso a paso. Luego podrás analizar este proceso e identificar con precisión lo que puedes automatizar y lo que no.

Paso #3: Crea un FAQ automatizado.

Crear un FAQ automatizado es una buena idea porque es otra forma de responder rápidamente a las preguntas de los clientes sobre tu marca, productos y servicios sin que tengan que preguntar. Ahorra mucho tiempo, energía y esfuerzo a todo el mundo, además de mejorar la experiencia de todos (Tendencias, 2023).

Paso #4: Implementa la automatización en el análisis de datos.

Es esencial automatizar las tareas relacionadas con el análisis de datos lo antes posible (AIContentfy Team, 2023). Este proceso implica examinar conjuntos extensos de datos para extraer observaciones y perspectivas, recopilar datos y detectar patrones relevantes. Al delegarle esta responsabilidad a ChatGPT, podrás acceder rápidamente a la información clave que te permitirá mejorar tus productos y servicios y satisfacer las necesidades de tus clientes. Este enfoque no solo optimiza tus procesos internos, sino que también contribuye al fortalecimiento de áreas como el marketing, la atención al cliente y el desarrollo de productos.

Paso #5: Optimiza la comunicación interna.

Aunque puede no ser evidente de inmediato, la optimización de la comunicación interna es una táctica de gran valor. Consiste en automatizar mensajes y recordatorios, transcribir reuniones, ofrecer traducciones en tiempo real durante las mismas y generar resúmenes accesibles para todos los participantes. Implementar estas prácticas asegura un entendimiento uniforme entre los miembros del equipo, minimizando los malentendidos y la falta de comunicación. Como resultado, se mejora la calidad del trabajo individual y colectivo, fomentando una colaboración más efectiva y eficiente.

Paso #6: Integra ChatGPT en el departamento de Recursos Humanos.

El departamento de Recursos Humanos es a menudo el que enfrenta las tareas más monótonas y que más tiempo consumen, como la revisión exhaustiva de currículos. Precisamente por esto, es uno de los departamentos que más podría beneficiarse de las capacidades de ChatGPT, ya que puede transformar y agilizar el proceso de contratación. Al ingresar todos los currículos recibidos en ChatGPT, el sistema podría identificar rápidamente a los candidatos más adecuados, enviar invitaciones a entrevistas, programarlas y gestionar ofertas de empleo de manera eficiente. Pero las ventajas no se detienen ahí. ChatGPT también puede ser de gran ayuda en la creación de respuestas automatizadas a preguntas frecuentes de los empleados, en la gestión de registros de personal, en la evaluación del rendimiento con precisión y en la optimización del proceso de incorporación de nuevos empleados.

Paso #7: Utiliza ChatGPT para la gestión de inventarios.

Este paso es fundamental, especialmente si manejas productos físicos. Mantener un registro preciso del inventario es crucial, y la implementación de ChatGPT en este proceso puede agilizar significativamente la tarea, reduciendo los errores humanos. ChatGPT puede ser programado para crear registros detallados de inventario y gestionar órdenes de compra. Además, es capaz de enviar pedidos a proveedores, realizar seguimientos de las ventas y el movimiento de productos, lo que facilita la planificación de la demanda y la elaboración de proyecciones futuras. La automatización de estas funciones con ChatGPT no solo ahorra tiempo, sino que también aumenta la eficiencia y precisión en la gestión del inventario.

Puntos Clave

- Para dominar ChatGPT, la práctica es esencial, como perfeccionar las habilidades culinarias con un cuchillo de cocina.

- ChatGPT es valioso en la creación de contenidos escritos, desde la selección de temas hasta la creación de esquemas y la elaboración de meta-descripciones.

- Puede ayudar a superar el bloqueo del escritor y facilitar la creación de mensajes atractivos en las redes sociales.

- ChatGPT ayuda a identificar las preguntas frecuentes de los clientes y redactar respuestas, lo que ahorra tiempo.

- Utilizar ChatGPT para elaborar ofertas especiales y enviar notificaciones mejora el compromiso a los clientes.

- ChatGPT puede automatizar el trabajo repetitivo, como la gestión de las redes sociales y la contabilidad.

- Puedes utilizar ChatGPT para automatizar mensajes, transcripciones y traducciones durante reuniones de trabajo.

- La integración de ChatGPT en el departamento de Recursos Humanos puede acelerar considerablemente el proceso de contratación.

- El empleo de ChatGPT para la gestión de inventarios ayuda a realizar un seguimiento de las mercancías y a hacer previsiones de la demanda, reduciendo los errores humanos.

- ChatGPT puede facilitar el análisis de datos, proporcionando información para mejorar productos, servicios y estrategias de marketing.

Pon a Prueba tus Conocimientos

Como siempre, pongamos en práctica lo que hemos aprendido. Vas a tener que encender ChatGPT y hacer uso de él como parte de este ejercicio:

Imagina que eres un creador de contenido contratado por Ford para redactar un artículo sobre coches eléctricos, con el objetivo de promocionar sus nuevos modelos. Tu público son los jóvenes de la Generación Z, y buscas un enfoque que equilibre aventura y conciencia ecológica. Tu tarea es crear una indicación a ChatGPT que genere tres ideas creativas para tu artículo.

Tu indicación (Prompt):

_____
_____
_____
_____

Las ideas que te ha dado ChatGPT:

_____
_____
_____
_____

Una vez que tengas las tres ideas generadas por ChatGPT, selecciona la que más te convenza o bien, crea una nueva hasta que encuentres una que realmente te satisfaga. Con la idea final en mano, el siguiente paso es redactar un esquema detallado. Este esquema servirá como guía para

estructurar tu artículo y deberás presentarlo a ChatGPT para obtener su colaboración en la redacción. Reflexiona sobre los puntos clave que quieres abordar, los mensajes principales y el tono que deseas utilizar, y luego organiza estas ideas en una indicación coherente para dárselo a ChatGPT.

Tu indicación (Prompt):

_____

_____

_____

_____

_____

Una vez que tengas tu esquema, finge haber escrito tu artículo. Ahora es el momento de escribir la indicación para que ChatGPT te ayude con tus meta-descripciones:

_____

_____

_____

_____

_____

Ahora que has finalizado los pasos anteriores, el último desafío consiste en generar publicaciones atractivas para las redes sociales. Con esto en mente, formula algunas indicaciones para que ChatGPT te ayude a crear publicaciones impactantes que impulsen la interacción y el interés en las plataformas sociales:

_____

_____

_____

_____

_____

Ahora que ya has perfeccionado tus conocimientos a través de tutoriales y ejercicios prácticos, vamos a explorar cómo solucionar problemas y superar retos comunes mientras trabajas con ChatGPT.

Maniobrando con ChatGPT: Soluciones a Desafíos Comunes

"Cuando te das contra un muro, no es el final del camino; es una oportunidad para hacerte más fuerte".

Sarah Browne

Todos tenemos la extraña idea de que la vida ha de ser fácil y estar libre de obstáculos. Tenemos la ilusión de que nunca deberíamos encontrarnos con ningún obstáculo y, como resultado, a menudo nos rendimos demasiado rápido. Olvidamos que los retos, los obstáculos y las vallas forman parte de la vida. Esto se aplica a todos los aspectos de la vida, incluyendo ChatGPT.

Por muy bien que conozcas esta plataforma y por muy bueno que seas en la línea de trabajo que has elegido, lo cierto es que de vez en cuando te vas a encontrar con desafíos. Encontrarás obstáculos que tendrás que superar, fallos que tendrás que arreglar y problemas que tendrás que resolver. Esto es más que posible, siempre y cuando puedas ver los obstáculos que tienes ante tí y sepas qué hacer para superarlos.

Por ejemplo, si fueras un vallista profesional, necesitarías saber lo alto que es el obstáculo al que te enfrentas a mitad de carrera para saltarlo. También, necesitarías conocer la técnica exacta que debes utilizar, y tendrías que practicarla. Aquí es donde empieza esa práctica.

Problemas Comunes

Después de esta dramática introducción, acá te van los obstáculos más comunes que se te pueden presentar al utilizar ChatGPT y cómo resolverlos.

- **Precisión**: Aunque ChatGPT funciona increíblemente bien, no sabe ni puede saberlo todo, como ya se ha mencionado, por lo que a veces generará respuestas incorrectas. Incluso se atreve a afirmar que la información incorrecta que presenta a los usuarios es correcta. Aunque se espera que este fallo se solucione a medida que el bot se vaya desarrollando, es algo que los usuarios de ChatGPT deben tener en cuenta. Como regla general, nunca debes creer al 100% todo lo que oyes, y esta regla también se aplica en este caso. Esto es doblemente cierto con respecto a la parcialidad potencial que viene con ChatGPT. ChatGPT puede estar sesgado de varias maneras, dependiendo del tipo de información con la que haya sido entrenado, como expliqué en capítulos anteriores.

- **El error 1020** significa que ChatGPT ha detectado algo inusual en la red que estás utilizando y está bloqueando tu acceso. A veces aparece si has visitado el sitio web de ChatGPT demasiadas veces al día. ¿Un truco para superar esto? Usar una VPN como ExpressVPN, NordVPN, o CyberGhost puede ayudarte a superar este asunto (Chavez, 2023).

- **El error 429** aparece cuando has pedido demasiadas cosas demasiado deprisa, como intentar comprar 100 entradas cuando sólo se te permiten 10. Está ahí para asegurarse de que todo el mundo tiene una oportunidad justa. Si te encuentras con este error, tendrás que esperar un poco antes de poder enviar otro mensaje. Además, si aún no lo has hecho, deberías considerar actualizar a ChatGPT-4. Como recordarás, esta actualización te permite liberar todo el potencial de ChatGPT; no te encontrarás con este error tan a menudo y recibirás respuestas aún mejores. Como recordatorio, tienes dos opciones de precios: $0.03 por mil tokens para prompts o un plan mensual por $20 (¡que considero que es lo mejor!)

- **Los errores de inicio de sesión** suelen producirse porque tienes cookies caducadas en tu navegador o porque has introducido credenciales incorrectas. Si te encuentras con este problema, ve a la configuración de tu navegador para borrar esas viejas cookies, y eso debería despejar el camino para que puedas iniciar sesión. Si sigues teniendo problemas y tus datos de acceso son correctos, utilizar una VPN puede ayudarte, sobre todo si estás en un país que aún no admite ChatGPT.

- **Los errores de red** se producen porque tu conexión se ha interrumpido mientras esperabas una respuesta de ChatGPT.

- **"A capacidad ahora" o "At capacity right now"** aparece cuando hay una sobrecarga en los servidores de ChatGPT. Básicamente, significa que hay mucha gente usando ChatGPT, y no puede asumir más tareas en ese momento. Es como cuando un restaurante tiene todas las mesas ocupadas y tienes que esperar a que se abra un hueco. Así que espera y al cabo de un rato el problema se resolverá por sí solo.

- **"Error en el flujo del cuerpo"** significa que la información enviada a ChatGPT se mezcló o corrompió, como una carta que se mancha con la lluvia, y ChatGPT no pudo leerla correctamente. Esto puede solucionarse comprobando y solucionando los problemas de tu conexión a Internet. Busca en Google "Ookla Speed Test" y ejecuta dicha prueba en tu conexión a Internet. Puede ser que tu conexión Wi-Fi se haya ralentizado por alguna razón y esté causando estos problemas. Prueba a desconectar y volver a conectar el Wi-Fi y a restablecer la configuración de red. Recuerda, la regla más básica en las soluciones tecnológicas es que encender y apagar las cosas suele solucionar los problemas. Si tu Internet está bien, puede que necesites pedir ayuda al equipo de soporte de ChatGPT. Sólo tienes que entrar en el sitio web de OpenAI, desplazarte hasta el final y hacer clic en "Chatea con nosotros" en la pestaña "Soporte". Alguien (o incluso un bot) responderá rápidamente para ayudarte. (Chávez, 2023).

Otros Problemas

Si las soluciones anteriores no resuelven tus problemas o te enfrentas a algo más, ¡no te preocupes! Primero, comprueba si el problema está en ChatGPT visitando downdetector.com o Status.OpenAI.com. Si no muestran ningún problema, el servicio funciona correctamente y el problema es otro. El siguiente paso podría ser borrar la caché de tu navegador, una solución fácil que a menudo funciona de maravilla.

Por último, te sorprendería saber con qué frecuencia la falta de comunicación entre la IA y los humanos puede provocar errores. Aun así, suele ser una solución sencilla, no un escenario a lo Terminator. Solo tienes que ir más despacio con tus peticiones, reformular tus indicaciones y proporcionar más contexto a ChatGPT.

Puntos Clave

- Supera los errores 1020 (detección de actividad inusual) y 429 (demasiadas solicitudes) con paciencia o utilizando una VPN.

- Mejora tu experiencia y reduce las limitaciones usando ChatGPT-4.

- Soluciona los problemas de inicio de sesión borrando las cookies del navegador o utilizando una VPN.

- Resuelve el "Error en el flujo del cuerpo" solucionando el problema de tu conexión a Internet.

- Solicita ayuda al equipo de asistencia de ChatGPT cuando lo necesites, ya que están a tu disposición.

- Resuelve los malentendidos en las respuestas del ChatGPT reformulando las preguntas o proporcionando más contexto.

Pon a Prueba tus Conocimientos

1. Has intentado acceder a ChatGPT, pero de repente ha aparecido un error de inicio de sesión. Estás seguro de que tu nombre de usuario y contraseña son correctos. ¿Qué debes hacer?

a) Comprobar mi conexión a Internet e iniciar sesión de nuevo.

b) Ponerme en contacto con el servicio de atención al cliente.

c) Borrar la caché y las cookies de mi navegador antes de volver a iniciar sesión.

2. Qué acciones pueden ayudar a resolver el "Error 429" relacionado con la superación del número máximo de solicitudes permitidas en un tiempo determinado?

a) Actualizar la página web e intentar realizar las solicitudes de nuevo.

b) Aplicar un retardo entre solicitudes consecutivas para mantenerme dentro del límite permitido.

c) Ponerme en contacto con el servicio de asistencia y solicitar un aumento del límite de solicitudes.

3. ¿Qué acción(es) debes llevar a cabo cuando te encuentres con un "Error en el flujo del cuerpo"?

a) Utilizar una VPN.

b) Ponerme en contacto con el servicio de atención al cliente.

c) Solucionar problemas de mi conexión Wi-Fi.

d) Cerrar la sesión y volver a iniciarla.

4. ¿Qué problemas y errores puedes resolver con una VPN?

a) Error 1020 (detección de actividad inusual).

b) Iniciar sesión desde un país no autorizado.

c) Error 1020 (actividad inusual) y error 429 (demasiadas solicitudes).

d) Error 1020 (actividad inusual) e inicio de sesión desde un país no autorizado.

5. Lo has intentado todo, pero no consigues resolver el problema. Ha llegado el momento de ponerse en contacto con el equipo de asistencia de ChatGPT. ¿Cómo puedes hacerlo?

a) Entrar en mi cuenta ChatGPT, ir a ChatGPT Playground, y pedir ayuda.

b) Acceder a mi cuenta de OpenAI, desplazarme hasta la parte inferior y hacer clic en "Chatear con nosotros".

c) Ir a mi página de perfil y hacer clic en "Atención al cliente" en la esquina inferior izquierda.

Respuestas: 1-c, 2-b, 3-c, 4-d, 5-b

Estamos listos para profundizar un poco más. En el próximo capítulo, analizaremos el papel de la IA en la transformación del futuro del trabajo y las oportunidades potenciales que presenta.

Cómo la IA Está Redefiniendo Sectores y Profesiones

"La única constante en la vida es el cambio".

Heráclito

Recientes avances en la inteligencia artificial no sólo han dado mucho que hablar, sino que también han creado mucha intriga y temor. El principal temor es que la IA y, sobre todo, el ChatGPT acaben con los puestos de trabajo, como mencioné en el capítulo anterior. Sin embargo, ¿tiene algún fundamento? No cabe duda de que la IA y ChatGPT han cambiado varios sectores, como hemos visto, y es innegable que han tenido un impacto bastante grande en el mercado laboral actual. ¿Es un impacto negativo o tiene aspectos positivos? La respuesta es *"Sí, claro que sí"*. La respuesta larga implica analizar exactamente cómo la IA ha cambiado el mercado laboral actual y, lo que es más importante, cómo puedes utilizar esos cambios en tu beneficio.

El Impacto de la IA en el Mercado Laboral

La idea de que vamos a perder nuestros trabajos a manos de la inteligencia artificial no es nueva. A decir verdad, existe desde que se concibió la IA. Probablemente sea igual que la antigua la idea de que acabaremos en guerra con los robots en algún momento del futuro. Ambas son buenas historias, como para películas. Eso es todo lo que son. Historias. La verdad es que, aunque la IA afecta y afectará al mercado laboral en cierta medida -es inconcebible que no lo haga-, nunca nos sustituirá. Al menos, no de la forma que se piensa.

Piénsalo así: Antes de que tuviéramos teléfonos móviles, todo el mundo tenía teléfonos en casa. No podías llamar a la gente desde esos teléfonos. Tenías que llamar a la operadora. La operadora era una de las muchas personas que se sentaban detrás de un escritorio y enchufaban cables a un enorme aparato para conectar los teléfonos y que las personas que llamaban pudieran hablar entre sí. Con el tiempo, la tecnología telefónica cambió. De repente, los teléfonos podían llamarse entre sí sin necesitar los servicios de una operadora. Así, las operadoras quedaron obsoletas.

Eso no significa, sin embargo, que los antiguos operadores se quedaran de repente sin trabajo, al menos no en su mayoría. Por el contrario, se les formaba y se les trasladaba a otros puestos en las compañías telefónicas. Algo parecido ocurrió cuando se introdujeron los ordenadores en la NASA. Antes de los ordenadores, había un equipo de mujeres trabajando en la NASA calculando a mano las trayectorias de los vuelos espaciales. Cuando se introdujeron los ordenadores en la NASA, quedó claro que les quitarían el trabajo a esas mujeres. Así que las mujeres en cuestión aprendieron lenguaje de codificación. Así, pudieron programar los mismos ordenadores que les "quitarían" el trabajo. Enseguida les dieron nuevos puestos en la NASA haciendo precisamente eso.

Esto es precisamente lo que ocurrirá con la inteligencia artificial. Es cierto que algunos puestos de trabajo pueden quedar obsoletos gracias a ella. Sin embargo, surgirán otros puestos, trabajos y descripciones de trabajo más nuevos, y la gente se formará para ellos.

En cuanto al tipo de trabajos que se verán afectados por la IA, el consenso general parece ser que, en un futuro no muy lejano, trabajos como la fabricación y los puestos de almacén experimentarán un gran cambio, con inventarios que recibirán el tratamiento automatizado y todo se moverá sin el toque humano. Luego está el mundo de la investigación y la entrada de datos, donde gracias a ChatGPT, las cosas se pueden hacer superrápido, sin mucha intervención humana. Los chatbots ya están haciendo furor en el servicio de atención al cliente, como sabes. Y si te dedicas a la suscripción de seguros, ChatGPT pronto podría estar redactando a tu lado.

Sin embargo, algunos sectores sólo se verán afectados mínimamente por la IA. Estas industrias requieren ese "toque humano", como la educación, por ejemplo. A pesar de todas las ventajas que la IA ofrece a la educación, que son muchas, como has visto, nunca podrá sustituir a un profesor verdaderamente inspirador. Tampoco podrá sustituir nunca a abogados, autores, poetas, editores, profesionales de la medicina, terapeutas y profesionales de la salud mental, trabajadores sociales o gerentes (Thomas, 2019). La razón es sencilla: Aunque la IA es muy buena haciendo ciertas cosas, no es tan buena en otras. No es la mejor en el uso de la empatía, por ejemplo, como un terapeuta o maestro (al menos los buenos) lo serían.

Además de cambiar las descripciones de los puestos de trabajo y eliminar algunos de ellos del tablero, la IA también cambiará el lugar de trabajo. Esto es evidente en la cantidad de tiempo que la IA te permite liberar en tu día a día al encargarse de esas tareas serviles y repetitivas que a nadie le gusta hacer. Que la IA pueda asumir esas cargas es importante porque aumenta tu eficiencia y productividad y mejora tu salud mental, tus niveles de energía y tu estado de ánimo.

Sin embargo, una de las aportaciones más importantes de la IA a la mano de obra y al lugar de trabajo, como lo mencioné anteriormente, es la creación de nuevos puestos de trabajo. Basta con mirar a Netflix. Están buscando a alguien que sepa manejarse con la inteligencia artificial para formar parte de su equipo de aprendizaje automático (Matza, 2023). Puede que estés pensando: *"Genial, otra gran empresa que intenta cambiar a las personas por computadoras"*. Pero aquí hay algo interesante: la principal responsabilidad de este profesional es trabajar en esa función de Netflix que te sugiere lo que deberías ver a continuación. ¿Y adivina qué? El salario que ofrecen es de 900.000 dólares al año, lo que ha llamado bastante la atención en Hollywood.

Ahora, piensa más allá de Netflix. Imagina las funciones adicionales que podrían surgir cuando combinamos las capacidades de la IA con el ingenio humano. No se trata solo de funciones para los expertos en tecnología, sino de funciones en las que los seres humanos aprovechan las herramientas de la IA para mejorar sus propias capacidades, y aquí está el truco: Una parte significativa de esta creación de empleo será el resultado del tiempo libre que la IA introduzca en nuestras rutinas.

Este nuevo tiempo puede ser un tesoro para innovar, idear nuevos proyectos y tomar iniciativas en numerosos ámbitos. Además, este excedente de tiempo se convierte en una oportunidad para el aprendizaje y la formación. A medida que la IA crea nuevos perfiles laborales, es natural que se adquieran las habilidades necesarias para estas funciones. Las empresas pueden aprovechar este tiempo "extra", ofreciendo a los empleados la formación necesaria. Esta relación simbiótica garantiza que no sólo las personas conserven sus puestos de trabajo y sus ingresos, sino que las empresas tampoco tendrán que buscar talento en el exterior, especialmente para estos puestos de nueva creación.

A decir verdad, estos esfuerzos de formación ya están en marcha. Por ejemplo, Amazon. Que Amazon se ha ido automatizando cada vez más con el paso de los años no es ninguna novedad. Esta situación ha creado mucha ansiedad entre sus 300.000 trabajadores. La buena noticia, sin embargo, es que Amazon no tiene intención de abandonar a dichos empleados (Amazon Staff, 2023). En su lugar, ha empezado a ofrecerles una formación voluntaria conocida como Upskilling 2025, que esencialmente enseña a los empleados, cuyos puestos acabarán siendo totalmente automatizados, las habilidades técnicas que necesitarán para los próximos puestos. Luego esos empleados pueden aceptar trabajos que requieran esas habilidades dentro de Amazon y fuera de ella, si así lo desean.

Por supuesto, tendrás que adoptar y cultivar ciertas habilidades específicas en tu periodo de formación. Las habilidades matemáticas, por ejemplo, serán vitales en la próxima era de la automatización, al igual que la creatividad. Lo mismo puede decirse de la comunicación verbal y escrita, la inteligencia emocional, la resolución de problemas, el pensamiento crítico y las habilidades de gestión de empleados.

En cuanto a los sectores en los que se crearán estos nuevos puestos de trabajo, son demasiados para contarlos. En la actualidad, los expertos coinciden en que se crearán nuevos puestos de trabajo en todo tipo de áreas, como contabilidad, redacción técnica, ciencias forenses, operación de resonancias magnéticas, finanzas y desarrollo web, por citar algunos ejemplos. Contrariamente a lo esperado, la IA no hará que se reduzca el mercado laboral existente. Al contrario, permitirá que crezca, al igual que lo hizo la Revolución Industrial.

Dicho esto, ¿quién debería estar más preparado para asumir esa formación y prepararse para los nuevos puestos? ¿a quienes les cambiarán las descripciones de trabajo? Empecemos por el área de medicina. Aunque la IA nunca sustituirá a los médicos, la inteligencia artificial pasará a formar parte de su entorno. Como lo vimos anteriormente, ya lo es, gracias a la existencia de cosas como la medicina predictiva (V. K, 2022). Por ello, los médicos y los profesionales en este área deben estar preparados para que la IA interfiera en su trabajo diario, sobre todo a la hora de diagnosticar, recetar medicamentos y llevar un registro de los historiales y expedientes de los pacientes.

Los profesionales del servicio de atención al cliente son otro grupo de personas que no sólo pueden esperar una fuerte interferencia de la IA, sino que ya la están experimentando. Actualmente, como hemos visto, la IA puede quitar mucho trabajo a estos profesionales, y cuanto más avance la IA, más podrá involucrarse también. Lo que probablemente acabará ocurriendo, por tanto, es que el número de agentes se reducirá. Es probable que un pequeño número de ellos permanezca en el sector, atendiendo a aquellos clientes cuyos problemas no puedan resolverse mediante interacciones con la IA, y el resto tendrá que formarse para otras líneas de trabajo durante este periodo de transición y, así, empezar a asumir nuevas responsabilidades.

El sector financiero, sobre todo la banca y los seguros, también verá su buena dosis de injerencia de la IA. La IA se utiliza actualmente en la detección de fraudes y para automatizar tareas repetitivas sobre el terreno. Ambas cosas liberan tiempo a los banqueros y funcionarios de seguros. Lo mismo puede decirse del análisis del comercio minorista. Pronto, podría llegar a predecir automáticamente las tendencias de compra en el mercado de valores.

Mientras tanto, las cajas de autocompra (self-checkout), como Amazon Go, no harán sino aumentar en número. Incluso el transporte se está mezclando con la IA, en forma de coches autoconducidos. Esto afectará a cosas como los taxis y los sistemas de transporte público. Los conductores podrían tener que entrenarse como supervisores, controlando todos los vehículos autoconducidos, asegurándose de que funcionan en condiciones óptimas y respetando las rutas asignadas. Quién sabe, puede que estas cosas acaben domando a esa bestia que tanto tiempo consume, conocida como tráfico.

Volviendo al entrenamiento para los nuevos puestos de trabajo que surgirán, es innegable que estos puestos requerirán tener ciertas habilidades de IA. De hecho, son esas mismas habilidades para las que se formará a la mayoría de las personas que se trasladen a nuevos puestos (Verma, 2018). Las habilidades esenciales que estos nuevos puestos buscarán entre los candidatos serán:

- Resolución de problemas y pensamiento crítico

- Aprendizaje profundo

- Informática

- Robótica

- Aprendizaje automático

- Procesamiento del lenguaje natural (PLN)

- Ciencia de datos

Estas competencias, en conjunto, dan lugar a la creación de una variedad de puestos nuevos y diferentes. De hecho, ya están surgiendo puestos de este tipo. Por ejemplo, ya existen ingenieros de aprendizaje automático. Estos ingenieros combinan sus conocimientos de software y PNL para trabajar con conjuntos de datos y crear herramientas de software modernos.

Los científicos de datos modernos también andan por ahí, analizando cantidades masivas de datos mediante aprendizaje automático y realizando análisis predictivos. Además, hay gestores de productos de IA que gestionan la creación y aplicación de bienes y servicios. También existe algo llamado consultor de inteligencia artificial, que asesora a marcas y empresas sobre el mejor uso de estos productos y servicios.

Los ingenieros de aprendizaje profundo, por su parte, crean algoritmos de aprendizaje profundo que abordan problemas complejos en campos como la salud y las finanzas. En cuanto a la nueva iteración de asistentes de investigación, recopilan, analizan y prueban nuevos algoritmos con la ayuda de la IA, e incluso crean nuevas aplicaciones que utilizan la inteligencia artificial.

Estos son sólo algunos ejemplos básicos de todos los nuevos y apasionantes puestos que la IA está dando a luz. Baste decir, pues, que la inteligencia artificial está cambiando el panorama de la mano de obra, y los que pertenecen a ella tendrán que adaptarse.

Adaptarse a un Mundo Impulsado por la Inteligencia Artificial

Por suerte, los seres humanos somos conocidos por nuestra capacidad de adaptación, por lo tanto adaptarnos a este nuevo mundo será pan comido, siempre y cuando sepamos qué esperar. La formación a la que tendremos que someternos para conseguirlo se suele denominar como 'actualización de conocimientos'. Ya has visto algunas de las nuevas habilidades que tendrás que adquirir, como el aprendizaje profundo, la PNL y la resolución de problemas. Sin embargo, estas no son las únicas habilidades con las que tendrás que familiarizarte. Seguramente habrá otras más nuevas e incluso inesperadas, en función de cómo se desarrolle y progrese la IA (*6 estrategias de mejora de las competencias en el mundo de la IA*, 2023).

Supongamos que quieres adaptarte al nuevo panorama que la IA está creando en tu trabajo. En ese caso, lo primero que tienes que hacer es identificar con precisión qué competencias se demandan. Haz una búsqueda rápida en Indeed, centrándote en las nuevas descripciones de puestos de trabajo que aparecen en tu campo. ¿Qué buscan las personas que trabajan en esos campos? ¿Qué habilidades aparecen en esas descripciones de empleo y cómo podrías adquirirlas? ¿Qué necesitas saber para desempeñar esas funciones?

Una vez que hayas identificado qué habilidades y conocimientos necesitas, obviamente tendrás que aprenderlos, ya que no puedes adquirir nuevas habilidades sólo por ósmosis (¡ojalá!). El aprendizaje en línea es una forma estupenda de hacerlo. Hoy en día hay muchos recursos online a tu disposición, ya sean tutoriales o cursos en vídeo, lecciones de Zoom o cualquier otra cosa.

Participando en estos cursos, nada menos que desde la comodidad de tu propia casa, podrá ampliar tu biblioteca de conocimientos en muy poco tiempo. Si quieres socializar un poco más, siempre puedes asistir a eventos de tu sector, como conferencias, paneles y seminarios en los que se te presentarán estos conocimientos. También puedes aprender de otros profesionales asistiendo a eventos de networking.

Adicionalmente, adquirir un mentor es una de las mejores formas de aprender cosas nuevas, independientemente del sector al que te dediques. Los mentores son una fuente inestimable de orientación, sabiduría y conocimientos. Por eso, es muy importante encontrar uno que se adapte a ti. Esto es doblemente cierto si tenemos en cuenta que los mentores suelen ser algunas de las primeras personas que se enteran de nuevas oportunidades, avances y ofertas de trabajo. Por tanto, podrán informarte de ellas con mucha antelación, impulsándote así en la dirección correcta y garantizando tu avance en tu campo.

Aun así, algunas de las competencias que tendrás que adquirir para adaptarte serán más técnicas. Requerirán un trabajo dedicado, que puedes poner en práctica siguiendo una formación profesional. En muchos casos, tu mismo lugar de trabajo ofrecerá este tipo de formación para contratar internamente, y son cosas que debes aprovechar siempre que sea posible. Sólo así podrás seguir avanzando en tus habilidades y hacer crecer tu propio conjunto de herramientas.

A juzgar por todo esto, una cosa está bastante clara: la clave para adaptarse a un mundo impulsado por la IA es perseguir continuamente el conocimiento y la superación personal. El aprendizaje permanente es lo único que puede garantizar que nunca te quedes atrás en la línea de trabajo a la que perteneces.

Tendencias Futuras y Áreas de Crecimiento

Dicho todo esto, hay algunas áreas clave en las que los cambios provocados por la IA están llamados a causar una auténtica revolución. Estas áreas son el ámbito de los asistentes virtuales, el diseño y los procesos de toma de decisiones. Los cambios que la IA aporta al trabajo de los asistentes virtuales y, por extensión, a la atención al cliente son evidentes de inmediato. Al igual que los chatbots se están utilizando ampliamente en el sector de la atención al cliente para atender sus necesidades, hoy en día los asistentes virtuales hacen algo parecido (Ishchenko, 2023).

Desarrollados por ChatGPT, estos asistentes responden rápida y eficazmente a las consultas de sus "empleadores", hacen reservas y programan citas, e incluso ofrecen a la gente diversas recomendaciones de restaurantes, tiendas y demás, como si fueran sus propios conserjes personales. Con el tiempo, se espera que estos asistentes virtuales sean aún más avanzados, hasta el punto de sustituir a los asistentes humanos. Como mínimo, formarán parte de la vida de las personas que necesitan dos asistentes distintos para hacer frente a sus cargas de trabajo.

Una tendencia emergente y fascinante en el mundo de los asistentes virtuales es la realidad virtual. Si esta tecnología llega a ser lo bastante avanzada, es posible que su asistente de inteligencia artificial tenga una cara y un cuerpo virtuales propios. Tal vez estos asistentes virtuales puedan ofrecer a los visitantes una visita guiada por una empresa o mostrarles los distintos productos y servicios que ofrece la marca.

ChatGPT también tendrá un impacto significativo en el ámbito del diseño. Supongamos que eres arquitecto y tienes que diseñar un espacio concreto. Se te darán parámetros específicos para ello, como el tamaño que debe tener el edificio, los materiales que se deben utilizar -supongamos que el edificio debe ser totalmente ecológico, por ejemplo- y todo lo demás. En tal caso, puedes solicitar la ayuda de ChatGPT dándole una orden para el diseño. Como es natural, dicha solicitud incluirá todos los parámetros con los que se te ha pedido que trabajes (Voltl, 2022). ChatGPT te dará varias explicaciones e ideas sobre cómo crear tu diseño. Puede proporcionarte información sobre qué materiales ecológicos puedes utilizar para el aislamiento del edificio o cómo crear puertas y paredes resistentes al fuego. Además, ChatGPT te proveerá un conocimiento instantáneo y exhaustivo de los códigos de construcción internacionales (IBC) que debes tener en cuenta a la hora de diseñar tus obra. De este modo, podrás estar seguro de que cumples estos códigos sin perder un tiempo valioso ni tener que volver atrás para ajustar y corregir cosas.

Incluso puede utilizar ChatGPT para desarrollar herramientas de documentación y productividad para el modelado 3D. ChatGPT puede hacerlo escribiendo o depurando código que puede crear áreas geométricas para que trabajes activamente con ellas. Luego podrás tomar esos diseños o esbozos iniciales y desarrollarlos aún más, hasta que hayas conseguido el modelo arquitectónico que has estado soñando.

Del mismo modo, no debería sorprender en absoluto oír que ChatGPT puede agilizar significativamente los procesos de toma de decisiones y de comunicación dentro de las empresas y entre los miembros de un equipo. El asistente de IA que ChatGPT pone a disposición de los usuarios puede ayudar mucho en el aspecto de la comunicación (*ChatGPT - Communication and Decision-Making*, 2023). Este asistente puede incorporarse a muchas aplicaciones de mensajería diferentes, por ejemplo, ayudando así a reducir al mínimo los fallos de comunicación y garantizando que todos se comuniquen entre sí de manera oportuna y exhaustiva.

En cuanto a la toma de decisiones, como hemos visto, ChatGPT puede ayudarte al analizar rápidamente grandes cantidades de datos. Esto te permite obtener la información necesaria para tomar decisiones acertadas. Asimismo, puede realizar análisis de mercado y ofrecerte recomendaciones sobre los cambios necesarios para estar al día con las tendencias actuales y futuras del sector.

Puntos Clave

- Actualizar y mejorar tus habilidades es clave para adaptarte al entorno laboral transformado por la IA.

- Estudiar el mercado laboral te ayuda a estar al tanto de cómo la inteligencia artificial está cambiando lo que se necesita en diferentes sectores.

- Las plataformas de aprendizaje en línea y los eventos relacionados con tu trabajo son útiles para entender mejor la inteligencia artificial y mejorar tus habilidades en este campo.

- Participar en eventos y en actividades de networking es crucial para obtener conocimientos directos sobre las tendencias de la IA.

- La formación interna en el lugar de trabajo es una oportunidad de oro para mejorar tus habilidades.

- El compromiso con el aprendizaje permanente es la columna vertebral para seguir siendo relevante en medio de los avances de la IA.

- La influencia de la IA en los asistentes virtuales está transformando la dinámica de la asistencia personal y al cliente.

- ChatGPT se está convirtiendo en un instrumento fundamental en los procesos de diseño, modelado y construcción.

- La IA mejora la eficiencia en la toma de decisiones procesando y analizando rápidamente grandes conjuntos de datos.

Ejercicios de Reflexión

Como puedes ver, ChatGPT ha influido y seguirá influyendo significativamente el área laboral. Y seamos realistas: cuando estos cambios se producen día a día, pueden pasar desapercibidos. Teniendo en cuenta todo esto, es aconsejable pensar en lo que podría estar cambiando en tu propio campo laboral en este momento. Tómate un momento y piense en tu sector. ¿Cómo ha cambiado las cosas la IA en los últimos 10 años? ¿Y en los últimos 5, o incluso este último año? Cuando tengas una idea clara, anota todo lo que hayas observado. A continuación, piensa hacia dónde podría dirigirse todo esto y qué nuevas habilidades podrías necesitar aprender para mantenerte a la vanguardia.

_____

_____

_____

_____

_____

_____

_____

Nos acercamos al final, pero aún queda por explorar una pieza vital del rompecabezas. Como un martillo que puede construir o destruir, la inteligencia artificial es una herramienta potente, y sus resultados dependen de cómo se utilice. A continuación, nos adentraremos en el mundo de la ética de la IA y el uso seguro de ChatGPT. Aunque ésta es la recta final, quizá sea la más importante. Si te parece aburrido, no te preocupes. Será breve.

Visión Futurista: Ética y Progreso en la IA

"Un gran poder conlleva una gran responsabilidad".

Spider-Man / Tío Ben

A pesar de lo valiosa que es la IA para los seres humanos, hay que tener en cuenta que existen ciertas preocupaciones válidas en torno a ella. Estas preocupaciones tienen que ver esencialmente con la privacidad y la seguridad, el uso ético de la tecnología y la parcialidad. Lo que ocurre con la tecnología es que nunca es intrínsecamente mala o buena. Todo depende de quién la utilice y con qué fines. Entonces, ¿qué significa realmente utilizar la IA de forma responsable? Veamos...

Privacidad y Seguridad

Imaginemos este escenario: La IA, como ya hemos dicho, maneja enormes volúmenes de datos. La mayoría de las veces, estos datos son "personales", es decir, están directamente relacionados con los seres humanos que son sus clientes. Imagínate como propietario de una empresa que utiliza IA, como ChatGPT. Supón que tu objetivo es construir una marca responsable que mantenga la confianza y lealtad de sus clientes. En ese caso, una sólida protección de datos no es negociable. Esto implica un compromiso para evitar que la información personal, como los registros médicos o financieros, caigan en manos equivocadas o se vea comprometida por virus e intentos de piratería. Además, significa que debes permanecer alerta ante posibles fraudes informáticos (Soo, s.f.).

Puedes hacer varias cosas para mantenerte en guardia contra estas amenazas. La primera es estar alerta y ser consciente de las extensiones de navegador y las aplicaciones de IA falsas. Cuando se descargan, estas extensiones y aplicaciones pueden hackearte o infectarte con virus que dañan o roban tus datos valiosos. Si estás pensando en descargar una aplicación o extensión específica, siempre debes investigar a fondo y sólo descargarla después de verificar su eficacia y validez. Si tienes alguna duda sobre esa aplicación o extensión, entonces, obviamente, debes renunciar a ella (7 Essential Cyber Security Tips When Using ChatGPT and AI Tools, 2023).

Una medida de seguridad para proteger tus datos es borrar del historial de chat de ChatGPT si hay nombres de empresas y personas (incluso los tuyos) antes de descargar una herramienta de IA. De esta forma, te aseguras de que los datos están a salvo, incluso si dicha herramienta resulta ser maliciosa.

Otra precaución es abstenerse de introducir información sensible en Chat-GPT mientras se utilizan herramientas de IA. Al fin y al cabo, los datos que no están en un sistema no se pueden robar ni corromper.

Además, si eres desarrollador, una medida de seguridad añadida que debes tomar es revisar minuciosamente todos los códigos generados por IA antes de pensar siquiera en utilizarlos. De esta forma, podrás detectar posibles problemas haciendo uso de tu experiencia antes de que te causen un quebradero de cabeza.

Uso Ético de la Tecnología de Inteligencia Artificial

¿Qué significa utilizar la tecnología de IA de forma ética? En pocas palabras, significa seguir una política de responsabilidad, confidencialidad y transparencia en relación con los datos de otras personas (Kenthapadi, 2019). Además, significa valorar la equidad, lo que implica tomar decisiones imparciales al utilizar ChatGPT y otros programas de IA.

La imparcialidad va de la mano con la responsabilidad, ya que significa identificar y asumir la responsabilidad de una decisión que tu IA ejecuta, incluyendo cualquier elección sesgada que se pueda haber hecho. Aunque esto puede ser difícil de hacer, es vital. Especialmente si, como en nuestro ejemplo, eres propietario de una empresa. Es esencial si no quieres perder la confianza de tus clientes y si quieres corregir cualquier error que se haya cometido, que es lo que deberías querer hacer.

Mientras tanto, la confidencialidad se refiere simplemente a mantener a salvo la información y los datos privados de tus clientes. Es decir, nadie querrá trabajar con tu marca si sabe que se van a filtrar sus datos médicos o los de su tarjeta de crédito. Tampoco nadie querrá trabajar contigo si sale a la luz que tienes la costumbre de vender información privada de la gente a empresas de marketing y similares sin su permiso y conocimiento. Estas preocupaciones por la privacidad y la seguridad se extienden también a quienes utilizan ChatGPT por motivos personales. Al fin y al cabo, aunque sólo lo utilices por diversión, no compartes menos datos e información con ChatGPT que los demás, y no te gustaría que tu información privada se comparta de repente con una horda de desconocidos.

Por último, está la transparencia, que es exactamente lo que parece: ser transparente en todo, sin ocultar nada. De nuevo, esto va bien con la confidencialidad e incluso con la responsabilidad. También encaja bien con la explicabilidad, que es tu capacidad para explicar a fondo y con claridad por qué tomaste una decisión o emprendiste una acción concreta. Todas estas cosas pueden aumentar la confianza y que la gente deposita en tí y tu compañía, garantizando así su fidelidad. Como norma general en la vida y en los negocios, tu reputación es algo que puede hacerte ganar o perder. Obviamente, quieres una reputación que te catapulte a la vanguardia en tu sector, y de eso se trata el uso ético de la IA.

Comprender el Sesgo de la Inteligencia Artificial

El último aspecto que hay que tener en cuenta al utilizar la IA es la parcialidad. Al igual que una persona puede tener prejuicios basados en sus experiencias, ChatGPT también puede desarrollar prejuicios basados en la información con la que ha sido entrenado, como ya hemos comentado antes. Así que, cuando entrenes a ChatGPT, piensa que es como enseñar a un niño: debes tener cuidado con lo que le das de comer (Dilmegani, 2020).

ChatGPT puede acabar teniendo dos tipos de sesgos: los que se cuelan sin que te des cuenta (sesgos cognitivos) y los que aparecen cuando no tiene suficiente información diversa de la que aprender. Si, por ejemplo, entrenas a ChatGPT con novelas románticas escritas exclusivamente por hombres y luego esperas que escriba un cuento romántico, los lectores pueden darse cuenta más tarde de que el cuento es demasiado masculino para sus gustos. ¿Cómo podría no ser así si no le has dado a ChatGPT ni un solo ejemplo de una obra escrita por una mujer?

Entonces, ¿cómo te aseguras de que tu ChatGPT no caiga en estas trampas de sesgo?

Empieza por analizar la información que le das. ¿Es variada y completa? Si no es así, intente añadir datos más variados. Para ayudarte con esto, puedes hacer algo llamado análisis de subpoblación. Es como comprobar lo bien que funciona tu IA con diferentes grupos de datos. Puede que haya que corregir un sesgo oculto si no funciona igual de bien en todos los grupos.

Además de eso, también puedes adoptar una estrategia de desprestigio, que puede ser de tres tipos: técnica, organizativa y operativa.

La parte técnica consiste en utilizar herramientas para detectar y eliminar posibles prejuicios, algo así como utilizar un detector de metales para encontrar tesoros ocultos. La parte organizativa consiste en ser transparente sobre cómo se abordan los sesgos dentro de la empresa. La parte operativa consiste en hacer que la recopilación de datos sea más diversa y completa.

Todo esto puede parecer un poco abrumador, ¡pero no te preocupes! Si alguna vez llegas a este punto de complejidad, existen herramientas que te lo pueden hacer más fácil. Una de ellas se llama AI Fairness 360, una herramienta de código abierto que es como un detective para encontrar y corregir sesgos. También puedes utilizar la herramienta What-If de Google, que pone a prueba situaciones hipotéticas para ver lo justa o injusta que es tu IA.

Siempre que intentes vigilar y atajar estos sesgos, estarás en buena forma para garantizar que tu ChatGPT sea lo más justo y equilibrado posible.

Puntos Clave

- Una sólida protección de los datos es esencial para mantener la confianza de los clientes en las aplicaciones de IA.

- Mantente alerta contra las aplicaciones de IA y las extensiones de navegador falsas para proteger tus datos.

- Borra el historial de chat de ChatGPT de información sensible como medida de precaución.

- Los desarrolladores deben revisar los códigos generados por IA para detectar posibles riesgos de seguridad.

- El uso ético de la IA implica responsabilidad, confidencialidad y transparencia.

- El sesgo de la IA puede surgir de los datos con los que se le ha entrenado; la diversidad de datos es clave.

- Debes abordar los sesgos encontrados para garantizar la equidad y el funcionamiento ético.

- Herramientas como AI Fairness 360 ayudan a identificar y mitigar los sesgos en los sistemas de Inteligencia Artificial.

Ahora que ya hemos dominado el aspecto ético, estamos listos para explorar nuevos territorios. En el próximo capítulo nos adentraremos en el amplio mundo de la Inteligencia Artificial, descubriremos cómo ChatGPT interactúa con otras herramientas ingeniosas y soñaremos despiertos con el futuro de la IA y los modelos lingüísticos.

El Ecosistema de la Inteligencia Artificial Más Allá de ChatGPT

"El ritmo de progreso de la inteligencia artificial es increíblemente rápido. A menos que estés en contacto directo con grupos como Deepmind, no tienes ni idea de lo rápido que es: está creciendo a un ritmo casi exponencial. El riesgo de que ocurra algo seriamente peligroso está en el plazo de 5 años. Diez años como mucho".

Elon Musk

Por más útil que ChatGPT sea, no es más que una de las herramientas que componen el panorama actual de la IA. Hay muchas más. De hecho, hay tantas que cuesta creerlo. Algunas de estas herramientas pueden utilizarse como alternativas a ChatGPT. Otras pueden integrarse con ella. Si quiere entender lo que realmente puedes conseguir con ChatGPT, debes desarrollar un conocimiento exhaustivo de estas alternativas y del panorama general del que forman parte. Estas son algunas de ellas:

- **Bard,** que es una herramienta de IA desarrollada por Google, porque ¿en qué universo alternativo no construiría Google su propio chatbot de IA? Al igual que ChatGPT, Bard utiliza el aprendizaje automático y la PNL para crear respuestas en tiempo real a tus preguntas (Gwira,

2023). Es fácil de usar, está repleto de funciones interesantes y puede hacer muchas cosas ingeniosas, como traducir entre idiomas. También cuenta con la función "Google It" e integración con Google Assistant y Alexa.

- **JasperAI**, por su parte, es un excelente programa de redacción que satisface las necesidades tanto de personas como empresas. Puede crear rápidamente contenido optimizado para motores de búsqueda, por lo que es el favorito entre los creadores de contenido y estrategas de marketing. Sin embargo, lo que lo hace único es su plataforma de IA generativa, en la que los usuarios pueden generar contenidos a la medida de sus necesidades sin tener que introducir manualmente toda la información necesaria.

- **ChatSonic** podría ser la mejor alternativa actual a ChatGPT para el público general, funcionando tanto como herramienta de escritura basada en IA como chatbot. Además de sus capacidades para escribir, también permite crear arte digital. Una de las mejores características es que puedes darle comandos de voz para ejecutar las tareas que quieras, y puede cambiar fácilmente entre idiomas.

- **CoPilot** es una última alternativa a ChatGPT a tener en cuenta, y es la mejor escribiendo código. Como tal, está muy bien considerado entre los desarrolladores. Puede analizar código, dar a los usuarios sugerencias en tiempo real y predecir cómo los desarrolladores pueden escribir código mucho más rápido que los usuarios humanos. También puede autocompletar diferentes tipos de código y, por lo tanto, es ideal tanto para los principiantes como para los profesionales.

Para mantenerte al día de mi exploración de estas herramientas de IA y tener acceso exclusivo a más libros increíbles, te invito a suscribirte a mi boletín de noticias para que pueda informarte cada vez que descubra nuevas ideas. Para ello, visita: https://brechtdinardo.com/

Integración de ChatGPT con Otras Herramientas

Cuando se trata de integrar ChatGPT con otras herramientas, las posibilidades son amplias. Puedes conectar tu chatbot a una variedad de aplicaciones y herramientas para ampliar sus funciones y capacidades. Aquí algunos ejemplos:

- **Click Me Up**, ideal para la gestión de proyectos.

- **Microsoft Excel,** que a estas alturas es el amigo favorito (o más odiado) de todo profesional de los negocios.

- **Facebook Messenger**, que en realidad no necesita demasiadas explicaciones.

- **Spotify**, porque ¿quién no quiere escuchar música mientras trabaja?

- **ManyChat**, que suele utilizarse con fines de marketing en redes sociales.

Si quieres integrar una o más herramientas como las mencionadas aquí a tu ChatGPT, entonces tendrás que navegar hasta la pestaña de configuración en tu cuenta de OpenAI (Cómo incrustar ChatGPT en tu sitio web, 2023). Aquí, le darás un nombre a tu 'bot', elegirás tu avatar y luego seleccionarás tu tipo de chatbot, que será "ChatGPT con Open AI". Después, tendrás que elegir tu modelo de chat -por ejemplo, GPT-3.5- y copiar tu OpenAI API Key en el espacio de texto que tienes delante. Luego, podrás personalizar tu ChatGPT con las herramienta que desees. Así de sencillo. Muchos vídeos de YouTube pueden mostrarte estas cosas paso a paso si eres más de aprender visualmente.

Ahora, para finalizar nuestro viaje, vamos a sumergirnos en un tesoro de recursos y herramientas adicionales diseñados para mejorar tu experiencia y productividad con ChatGPT.

Recursos y Herramientas Imprescindibles de ChatGPT

"La razón por la cual ChatGPT es tan emocionante es que tiene el formato ideal para demostrar cómo la IA puede convertirse en un asistente útil para casi cualquier tipo de trabajo. Hemos pasado de lo teórico a lo práctico de la noche a la mañana".

Aaron Levie

Hay un viejo dicho: El aprendizaje nunca tiene fin. En ningún campo es esto más cierto que en el de la inteligencia artificial, sobre todo teniendo en cuenta lo rápido que ha evolucionado y sigue evolucionando. Lo que esto significa es que todavía hay mucho que puedes aprender tanto sobre IA como sobre ChatGPT. Aunque este libro es un excelente comienzo para tu viaje en ChatGPT, aún te queda mucho por descubrir. Con esto en mente, aquí tienes una lista completa de todas las herramientas y recursos que puedes utilizar para descubrir todas las complejidades de ChatGPT.

Foros y Comunidades en Línea

- **Sociedad ChatGPT:** Si has llegado hasta aquí, te mereces formar parte de nuestro grupo privado de Facebook, la comunidad a la que acudir para profundizar en el apasionante mundo de la IA y ChatGPT. Allí podrás conectar conmigo y con otros compañeros entusiastas, obtener acceso exclusivo a recursos y aprender unos de otros. Únete a nosotros aquí: www.facebook.com/groups/chatgptsociety/

- **Foro de OpenAI:** Una valiosa plataforma que ofrece debates informativos sobre ChatGPT directamente desde la perspectiva de los creadores. Encuéntralo aquí: https://community.openai.com

- **Inteligencia Artificial Stack Exchange:** Esta plataforma es una fuente eficaz para ampliar tus conocimientos sobre IA. Proporciona información exhaustiva sobre diferentes conceptos, como redes neuronales, aprendizaje profundo y aprendizaje por refuerzo. Aunque no ofrece la misma sensación de comunidad que nuestro grupo de Facebook, sigue siendo un recurso sólido, y puedes consultarlo aquí: https://ai.stackexchange.com/

Cursos y Tutoriales Recomendados

Si tu método preferido de aprendizaje incluye ver vídeos, tomar notas y leer material educativo, aquí te presento una lista actualizada de los mejores cursos y tutoriales disponibles. Cabe mencionar que la mayoría están en inglés, pero publicaré mis recomendaciones en español en cuanto las tenga más claras, en el grupo de Facebook: 'IA aplicada' o 'Ingeniería de IA' de la IBM, 'IA para empresas' de la Universidad de Pensilvania, 'Prompt Engineering para ChatGPT' de la Universidad de Vanderbilt, 'Gestión de productos de IA' de la Universidad de Duke, 'Introducción a la API', de OpenAI.

Softwares y Herramientas Adicionales

Hay otras herramientas adicionales que también podrías explorar. Si te apetece hacerlo, las mejores son (Zhou, 2023):

- **Melany,** que te permite utilizar la IA como tu entrenador personal.

- **ChatGPT para Google**, la extensión de Chrome que no sabías que necesitabas.

- **Talk-to-GPT**, un sistema de voz a texto que hace que ChatGPT sea mucho más accesible para muchas personas.

- **ChatGPT en WhatsApp**, que (como habrás adivinado) integra la IA en WhatsApp.

Ahora que tiene todos estos fantásticos recursos y herramientas a tu alcance, ¿qué es lo siguiente? ¿Cómo te aseguras de que estás aprovechando al máximo tu experiencia con ChatGPT? Bueno, es hora de ponerse un poco más personal y reflexivo. Vamos a sumergirnos en algo que te ayudará a hacer un seguimiento de tus progresos, luchas y victorias.

Tu diario de ChatGPT

La mejor manera de ver tus progresos, descubrir cómo mejorar y encontrar algo de inspiración es llevar un diario ChatGPT. Si no estás seguro de cómo empezar uno, aquí tienes una práctica plantilla que te puede ayudar:

Fecha: _____

Objetivos:

_____

_____

_____

_____

¿Qué he descubierto hoy?

_____

_____

_____

_____

¿Con qué tuve que luchar?

_____

_____

_____

_____

¿Qué he aprendido o conseguido?

_____

_____

_____

_____

_____

_____

¿Qué quiero aprender?

_____

_____

_____

_____

Bien, con estas ideas en la mano, pasemos la página y pongamos el broche de oro a este viaje.

Conclusión

En un mundo en el que las distracciones a menudo ocupan el primer lugar, te agradezco por acompañarme en este viaje educativo. Hemos profundizado en cómo ChatGPT puede aportar un valor real a tu vida o negocio, transformándolo de una entidad tecnológica mística a un asistente diario que puede simplificar tu vida y ayudarte a ser más eficiente.

Sí, ChatGPT provocará cambios significativos en varios sectores; eso es un hecho. Pero con estos cambios, nacerán otras tantas oportunidades, oportunidades que tú estás perfectamente posicionado para aprovechar, siempre que mantengas una mente abierta hacia esta tecnología innovadora.

Mi mayor deseo es que este libro te haya dotado de los conocimientos y la confianza necesarios para aceptar estos cambios. En este sentido, recuerda que nunca navegarás solo por estas aguas. Una comunidad de compañeros exploradores, unidos por un entusiasmo común por la IA, te espera en Facebook. Únete a nosotros para seguir aprendiendo y compartir tus triunfos, retos y preguntas. Estaremos encantados de recibirte. Sólo tienes que seguir este enlace: https://facebook.com/groups/chatgptsociety

Para concluir, como alguien dijo sabiamente: *"Ayudar a una persona quizás no cambie el mundo, pero podría cambiar el mundo para esa persona"*. Si te identificas con esta idea, considera compartir tu opinión sobre este libro en Amazon. Solo te llevará unos dos minutos. Tu reseña podría ser la luz que guíe a alguien indeciso y le muestre cómo ChatGPT puede transformar su vida. Además, es una forma de apoyarme. Publiqué este libro de manera independiente, sin el respaldo de casas editoriales, por lo que tus comentarios, incluso breves, son una gran ayuda.

Para dejar tu opinión, busca el libro en Amazon y haz clic en 'Escribir una reseña/calificación' al final de la página, o simplemente escanea el código QR que encontrarás a continuación:

Gracias una vez más por tu apoyo.

Contenido Adicional

Este segmento es para ti si deseas profundizar más allá de lo básico y explorar características avanzadas. Primero, te sugiero que te familiarices con el uso básico de ChatGPT y luego regreses a esta parte. Aquí, te guiaré a través de un detalle más complejo, que es el cómo configurar tu clave API.

Configuración de la clave API

Como sin duda ya te habrás dado cuenta, el uso que hagas de tu cuenta Chat-GPT depende enteramente de ti y las posibilidades son casi infinitas. Antes de empezar a jugar con tu cuenta ChatGPT, tendrás que elegir tu clave API (Marks, 2023). Ya casi te oigo preguntar qué es eso. El acrónimo "API" significa Interfaz de Proceso de Aplicación. Esencialmente, es el mecanismo que permite a los diferentes componentes de software de ChatGPT conversar y trabajar entre sí. Dicho de otro modo, es un tipo de tecnología que te facilita mucho la conversación con tu IA. Por otro lado, una clave API es un identificador único que se utiliza para activar o desbloquear una API específica (*¿Qué es una clave API?*, s.f.).

Ahora, en cuanto a cómo elegir tu clave API... Lo primero que tienes que hacer es iniciar sesión en tu cuenta de OpenAI. Una vez que lo hagas, encontrarás un botón "Ver Clave API" y aquí, podrás seleccionar la Clave API ChatGPT. La Clave API ChatGPT fue lanzada en marzo de 2023, y es algo que necesitas para integrar las diversas capacidades de GPT con plataformas y aplicaciones, haciendo tu vida - y trabajo - mucho más fácil en el proceso.

Así pues, haz clic en el icono "Ver claves API", que se encuentra en la esquina superior derecha de la página web. A continuación, tendrás que hacer clic en el icono "Crear una clave API", que te permitirá configurar la tuya. No te preocupes, no tendrás que codificar ni nada parecido. En su lugar, el sistema generará tu clave por ti y sólo tendrás que copiarla y pegarla en el área que dice "API Key" en la página "OpenAI API". Una vez realizados estos pasos, podrás utilizar tu clave. Para ello, tendrás que volver a hacer clic en "Ver claves de API", donde, esta vez, tendrás que elegir tus preferencias de idioma (no tienes que elegir el Español si no quieres), así como tus preferencias de programación. Puede elegir JavaScript en lugar de Python, como ejemplo más básico. Luego, tendrás que descargar la biblioteca que hayas elegido para ese lenguaje o el SDK (kit de desarrollo de software) adecuado para él.

Después de obtener tu clave API, podrás usarla para generar una nueva instancia de la API y empezar a enviar solicitudes a ChatGPT. Este proceso es rápido y puede ahorrarte mucho tiempo. Es importante saber que, aunque ChatGPT básico es gratuito, la clave API y la versión premium tienen un costo. Lo positivo es que al crear tu cuenta por primera vez, recibirás $18 de crédito gratis, visible en la página de Claves API.

Cuando se acabe tu crédito gratuito, tendrás que pagar por el uso de la clave. Afortunadamente, el costo es bajo. Actualmente, 1,000 tokens (aproximadamente 750 palabras) cuestan solo $0.002, lo cual es bastante accesible.

ChatGPT Playground y Sus Ventajas

Hemos mencionado ChatGPT Playground un par de veces a lo largo de este libro. ¿Qué es exactamente? El Playground es básicamente una gran manera de familiarizarse con ChatGPT (Reji, 2023). Este fue precisamente el propósito para el que se creó ChatGPT-3 Playground. Para utilizarlo, primero tendrás que iniciar sesión en tu cuenta de OpenAI y, a continuación, hacer clic en "Playground", que estará situado en la esquina superior derecha de la página.

Aquí encontrarás una gran área de texto para escribir tus instrucciones y una barra de ajustes a la derecha de la página. Los ajustes estarán formados por los siguientes parámetros: Modelo, Temperatura, Longitud Máxima, Secuencias de Parada, Top P, Penalización de Frecuencia, Mejor de, Prueba de Inicio de Inyección, Prueba de Reinicio de Inyección.

¿Qué significa todo esto y para qué sirve? Bueno, los "modelos" son los sistemas utilizados para descomponer grandes textos en tokens, de forma que puedan ser entendidos por el sistema. Si el texto contiene una palabra grande como "evanescencia", por ejemplo, se descompondrá en sílabas, más o menos. En cambio, si incluye palabras cortas, como "perro" o "caliente", se tomarán tal cual, sin descomponerlas.

El Playground tiene cuatro modelos clave: Ada, Babbage, Curie y DaVinci. Antes de que lo preguntes, sí, todos llevan el nombre de científicos famosos. De ellos, DaVinci se considera el más capaz, ya que rinde increíblemente bien. Por eso es también el modelo más caro. Ada, por su parte, es el modelo menos costoso y más rápido de elegir.

Hay un botón cerca de la parte superior de la página, encima del cuadro de texto grande que dice "Cargar un preajuste". Esto es útil para elegir un menú preestablecido, para que no tengas que molestarte en ajustar todos estos parámetros diferentes con los que no estás familiarizado. Cuando hagas clic en este botón, aparecerá un menú desplegable y podrás elegir entre opciones como "Chat", "Preguntas y respuestas" e "Inglés a otros idiomas". A continuación, el sistema ajustará los parámetros a un lado de la pantalla según el modo preestablecido que hayas elegido. Simultáneamente, en el cuadro de texto aparecerá un texto escrito en el formato que hayas elegido. Ahora podrás sustituir el texto por lo que quieras escribir, sin perder el formato en cuestión.

Dicho esto, aún podrás ajustar las funciones que están a un lado. Una de ellas es la "Temperatura", que te permite ajustar las respuestas que ChatGPT genera para ti. Si la temperatura es cercana a cero, entonces las respuestas que recibirás serán más aleatorias. Si, por el contrario, subes la temperatura, harás que el texto de respuesta sea mucho más detallado y concreto. Al mismo tiempo, podrás ajustar aspectos como la longitud del texto, para que sea exactamente tan largo o corto como necesites.

La zona de juegos o "Playground" te permite jugar con todas estas funciones y ver de primera mano lo que pueden hacer. Esta experiencia te resultará muy útil cuando vayas a tu página de ChatGPT y empieces a utilizarla para el trabajo o la escuela. Por lo tanto, es útil que lo explores. En ese momento, podrás utilizar tu crédito de 18 $ para jugar en la zona de juegos. Sin embargo, una vez agotado ese crédito, tendrás que pagar 0,06 $ por cada 4.000 caracteres que genere el Playground.

Tanto si planeas utilizar ChatGPT para el trabajo, la escuela o tus proyectos personales, dominar estas funciones adicionales sin duda elevará tu experiencia. Si todo esto ha sonado confuso, te invito a ver videos de Youtube al respecto que facilitarán la compresión al mostrarte en pantalla lo que debes hacer.

De nuevo, muchas gracias por haber llegado hasta el final de este libro. Si tienes preguntas, únete a nuestro grupo de Facebook, ¡nos vemos allí!

Referencias

Diaz, M. (2023, April 13). How to use ChatGPT: Everything you need to know. ZDNET. https://www.zdnet.com/article/how-to-use-chatgpt/

Dilmegani, C. (2020, September 12). Bias in AI: What it is, types & examples, how & tools to fix it. AppliedAI. https://research.aimultiple.com/ai-bias/

Dilmegani, C. (2023, March 11). 7 ChatGPT coding use cases in 2023. AI Multiple. https://research.aimultiple.com/chatgpt-coding/

Dreamanart Team. (2023, March 12). ChatGPT: The revolutionary Llnguage model transforming writing, education, psychology, and beyond. LinkedIn. https://www.linkedin.com/pulse/chatgpt-revolutionary-language-model-transforming-writing-education/

El Atillah, I. (2023, March 15). OpenAI's GPT-4 is here - and it's smarter than ever. Euronews. https://www.euronews.com/next/2023/03/15/gpt-4-openai-has-released-a-new-version-of-its-chatgpt-chatbot-but-whats-different

Gonzales, L. (2023, January). Elevate your ChatGPT game: Crafting an effective priming prompt. LinkedIn. https://www.linkedin.com/pulse/elevate-your-chatgpt-game-crafting-effective-priming-prompt-gonzales/?trk=pulse-article_more-articles_related-content-card

Govender, S. (2023, February 16). 120+ AI statistics: How the game is changing in 2023. MarketSplash. https://marketsplash.com/ai-statistics/

Great Learning Staff. (2023, March 20). ChatGPT for data analysts. Great Learning Blog: Free Resources What Matters to Shape Your Career! https://www.mygreatlearning.com/blog/chatgpt-for-data-analysts/

Gwira, C. (2023, April 16). 8 Best ChatGPT alternatives in 2023 (free and paid). Elegant Themes Blog. https://www.elegantthemes.com/blog/business/best-chatgpt-alternatives#3-bard

Harris, L. (2020, November 11). Text tokens. Steinberg.help. https://steinberg.help/dorico/v3/en/dorico/topics/engrave_mode/engrave_mode_frames_text_tokens_r.html#:~:text=Text%20tokens%20are%20codes%20that

How to embed ChatGPT in your website. (2023, May 16). Social Intents Knowledge Base. https://help.socialintents.com/article/189-how-to-embed-chatgpt-in-your-website#:~:text=Add%20your%20OpenAI%20API%20Key%20to%20Social%20Intents&text=Click%20on%20the%20Chatbot%20Settings

Introducing ChatGPT Plus. (2023, February 1). OpenAI. https://openai.com/blog/chatgpt-plus

Ishchenko, V. (2023, March 7). Revolutionizing customer service with ChatGPT: The future of personalized assistance. LinkedIn. https://www.linkedin.com/pulse/revolutionizing-customer-service-chatgpt-future-viktor-ishchenko/

Kenthapadi, K. (2019, May 11). Fairness, accountability, confidentiality, and transparency in AI/ML systems. LinkedIn. https://www.linkedin.com/pulse/fairness-accountability-confidentiality-transparency-aiml-kenthapadi/

Kesherim, R. (2023, March 29). 50+ healthcare industry statistics, facts & trends. Supportive Care ABA. https://www.supportivecareaba.com/statistics/healthcare-industry#:~:text=The%20healthcare%20industry%20is%20one

Kidd, S. (2023, March 13). How to use ChatGPT to simplify your content creation. Laire Digital. https://www.lairedigital.com/blog/chatgpt-vs-original-content/

Kochovski, A. (2023, March 24). ChatGPT statistics, facts & trends 2023 [How it works & its uses]. Cloudwards. https://www.cloudwards.net/chatgpt-statistics/

León, P. (2023, January 12). How to use ChatGPT & the benefits (complete guide 2023). Mind Designs. https://mindesigns.com.au/blog/how-to-use-chatgpt/#pp-toc__heading-anchor-1

Lynch, S. (2017). Andrew Ng: Why AI is the new electricity. Stanford Graduate School of Business. https://www.gsb.stanford.edu/insights/andrew-ng-why-ai-new-electricity

Mark. (2023, April 22). How to get ChatGPT API key free & use it. MLYearning. https://www.mlyearning.org/chat-gpt-api-key/

Marr, B. (2023, March 3). The top 10 limitations of ChatGPT. Forbes. https://www.forbes.com/sites/bernardmarr/2023/03/03/the-top-10-limitations-of-chatgpt/?sh=46a6ddf78f35

Miley. (2023, March 26). [Complete guide] ChatGPT login: How to create an account, log in, and troubleshoot. Awesome Screenshot. https://www.awesomescreenshot.com/blog/knowledge/chatgpt-login

Mok, A. (2023, March 26). What Elon Musk, Bill Gates, and 12 other business leaders think about AI tools like ChatGPT. Business Insider. https://www.businessinsider.com/elon-musk-bill-gates-business-leaders-quotes-on-chatgpt-ai-2023-2#bill-gates-american-business-magnate-and-cofounder-of-microsoft-1

Moore, S. (2023, March 27). What does ChatGPT mean for Healthcare? News-Medical.net. https://www.news-medical.net/health/What-does-ChatGPT-mean-for-Healthcare.aspx

Mottesi, C. (2023, February 8). 6 Uses of ChatGPT for customer service. Blog.invgate.com. https://blog.invgate.com/chatgpt-for-customer-service

Nguyen, H. (2023, March 23). How to make quizzes in just 10 minutes using ActivePresenter and ChatGPT? Atomi Systems, Inc. https://atomisystems.com/elearning/make-quizzes-in-10-minutes-using-activepresenter-and-chatgpt/

Ogulcan. (n.d.). ChatGPT for studying: Best prompts & ways to use. StudySmarter UK. https://www.studysmarter.co.uk/magazine/chatgpt-for-st udying/

Ohiri, M. (2023, March 8). Will ChatGPT displace traditional learning? Analyzing the potential of chatbots education. EducateMe. https://www.educate-me.co/blog/chatbots-in-education#:~:text=Pe rsonalized%20learning%3A%20One%20of%20the

OpenAI developer forum. (n.d.). OpenAI Developer Forum. https://com munity.openai.com/

Paruchuri, V. (2023, March 20). How does ChatGPT work? Dataquest. https://www.dataquest.io/blog/how-does-chatgpt-work/#:~:text=Tokens %20are%20fragments%20of%20text

Patterson, M. (2023, May 18). Using ChatGPT for customer service. Help Scout. https://www.helpscout.com/blog/chatgpt-customer-service/

Pietschmann, C. (2023, February 24). Crafting effective AI prompts for improved content generation: A ChatGPT guide. Build5Nines. https://build5nines.com/crafting-effective-ai-prompts-for-imp roved-content-generation-a-chatgpt-guide/

Pine, O. (2023, January 23). How automation can lead to the creation of new jobs . G7 Tech Services. https://g7techservices.com/news/how-automation-can-lead-to-the-cre ation-of-new-jobs/#:~:text=Another%20way%20automation%20can%20lead

Reji, A. R. (2023, February 15). Exploring the GPT-3 Playground- A beginner's guide. The Sec Master. https://thesecmaster.com/exploring-the-gpt-3-p layground-a-beginners-guide/#What_is_GPT-3_Playground

Rule-based vs. statistical vs. neural machine translation. (2021, August 25). Summa Linguae. https://summalinguae.com/language-technology/rule-base d-machine-translation-vs-statistical-and-neural-machine-translation/

Sacolick, I. (2023, February 27). ChatGPT and software development. InfoWorld. https://www.infoworld.com/article/3689172/chatgpt-and-softw are-development.html

Saeed, A. (2023, January 25). Best uses of ChatGPT for entertainment you never knew in 2023. Medium. https://bootcamp.uxdesign.cc/best-uses-of-chatgpt-for-entertainment-you-never-knew-in-2023-76dab4f2e3ea?gi=47daf013498c

Saltz, J. (2023, March 30). ChatGPT and data science projects. Data Science Process Alliance. https://www.datascience-pm.com/chatgpt-and-data-science-projects/

7 essential cyber security tips when using ChatGPT and AI tools. (2023, March 23). Wizer Training. https://www.wizer-training.com/blog/7-cyber-security-tips-using-chatgpt-ai-tools-guide

Severino, S. (2023, February 23). Streamlining your business: Automating processes with ChatGPT and AI technologies. LinkedIn. https://www.linkedin.com/pulse/streamlining-your-business-automating-processes-chatgpt-severino/

6 upskilling strategies in the world of AI. (2023). MSBC Group. https://www.msbcgroup.com/blog/Up-skilling-for-the-Future-How-to-Stay-Relevant-in-an-AI-Driven-World

Soo, J. (n.d.). Cyber and privacy risks. Marsh. https://www.marsh.com/nz/services/cyber-risk/products/cyber-privacy-risks.html#:~:text=These%20include%3A

Tanya. (2023, April 18). 10 best ChatGPT email marketing prompts. Notify Visitors. https://www.notifyvisitors.com/blog/chatgpt-email-marketing-prompts/

Thomas, M. (2019, August 27). AI and the future of jobs. Built In; Mike Thomas. https://builtin.com/artificial-intelligence/ai-replacing-jobs-creating-jobs

Tiwari, B. (2022, August 21). Conditional statements : if, else, switch. Dot Net Tricks. https://www.dotnettricks.com/learn/c/conditional-statements-if-else-switch-ladder

Tran Nguyen, T. T. (2023, March 23). ChatGPT achieves theory of mind - What does it mean? LinkedIn. https://www.linkedin.com/pulse/chatgpt-achieves-theory-mind-what-does-mean-thanh-tuyen-tran-nguyen/

Trends, M. (2023, March 30). How ChatGPT can help you automate and streamline your business processes. Analytics Insight. https://www.analyticsinsight.net/how-chatgpt-can-help-you-automate-and-streamline-your-business-processes/#:~:text=ChatGPT%20uses%20natural%20language%20processing

Tuvar, D. (2023, February 10). 10 best ways to use ChatGPT for social media marketing. Meetanshi.com. https://meetanshi.com/blog/chatgpt-for-social-media-marketing/

UCO: ChatGPT and AI Technology. (n.d.). University of Central Oklahoma. Retrieved May 20, 2023, from https://www.uco.edu/technology/trc/chatgpt-ai-technology#:~:text=It%20uses%20machine%20learning%20algorithms

V K, A. (2022, February 10). 10 industries AI will disrupt the most by 2030. Spiceworks. https://www.spiceworks.com/tech/artificial-intelligence/articles/industries-ai-will-disrupt/

Verma, E. (2018, January 24). Top 5 jobs in AI and key skills needed to help you land one. Simplilearn.com. https://www.simplilearn.com/top-artificial-intelligence-career-choices-and-ai-key-skills-article

Victor, A. (2023, February 27). Top 17 industry applications of ChatGPT. Insights.daffodilsw.com. https://insights.daffodilsw.com/blog/top-17-industry-applications-of-chatgpt

Voltl, C. (2022, December 27). Revolutionize your design process with ChatGPT: 5 ways AI can boost Your creativity. Medium. https://bootcamp.uxdesign.cc/revolutionize-your-design-process-with-chat-gpt-5-ways-ai-can-boost-your-creativity-and-d079929676d0

What Is an API Key? - API Key Definition. (n.d.). Fortinet. https://www.fortinet.com/resources/cyberglossary/api-key

What is an API? - API Beginner's Guide. (n.d.). Amazon Web Services, Inc. https://aws.amazon.com/what-is/api/#:~:text=APIs%20are%20mechanisms%20that%20enable

What is natural language processing? (n.d.) . IBM. https://www.ibm.com/topics/natural-language-processing#:~:text=N atural%20language%20processing%20(NLP)%20refers

Will ChatGPT transform healthcare? (2023). Nature Medicine, 29(3), 505–506. https://doi.org/10.1038/s41591-023-02289-5

Zhou, Y. (2023, March 6). 11 stunning ChatGPT powered tools that can make your life easier. TechToFreedom. https://medium.com/techtofreedom/11-stunning-chatgpt-powered-to ols-that-can-make-your-life-easier-3bb0c4e6a796

Made in the USA
Middletown, DE
11 September 2024